HEART
心|視野

HEART

心 | 視野

對別人說不出口的
也不要對自己說

29個自我對話練習，遠離自我批判，
找回還不錯的自己

鄭宰榮(정재영)—著　　劉小妮—譯

남에게 못할 말은 나에게도 하지 않습니

即使全世界都討厭你，認為你很壞，
只要你問心無愧，
你就不會沒有朋友。
——摘自夏綠蒂·勃朗特《簡愛》

If all the world hated you and believed you wicked,
while your own conscience approved of
you and absolved your from guilt,
you would not be without friends.
——Charlotte Brontë, *JANE EYRE*

目錄

第一章

對指責自己的我說和解的話語

第二章 對討厭自己的我說理解的話語

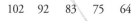

第三章

對常常受挫的我說加油的話語

第四章

修復的話語

對內心受傷的我說

第五章

照顧的話語

對細膩敏感的我說

自序

你絕對不卑微

「我有許多缺點，也常常感到害怕。但我會盡所能地包容自己。慢慢的、一點點的愛上自己。」這是防彈少年團（ＢＴＳ）於二〇一八年九月在聯合國大會上的演講內容。

「每個人不論身處宇宙何方，比誰都有資格獲得自己的愛。」這是常常被引用的釋迦牟尼說過的話。

「你要認為自己是最棒的，一定要愛自己。如果不愛自己的話，就沒有活下去的理由了。」這是我的國中社會科老師說過的話。

這些話會讓所有人感受到溫柔的支持和撫慰。如果有人牽著我的雙手對我這樣說，我一定內心澎湃、淚流滿面。

但是，要怎樣做才能夠愛自己呢？我的缺點這麼多、又膽小，還有無數羞愧的事，我要怎麼理解、保護和擁抱這樣的自己呢？

我有很長一段時間渴望得到這個問題的答案。已經不記得是從何時開始了，可能是我九歲時被同學發現穿錯褲子，在嘲笑聲中淋著雨邊哭邊跑回家的時候吧；也可能是青春期時，我站在鏡子前意識到自己鼻梁很塌，感到極度失落的時候；還是告白被拒絕的那天呢？我已經不記得準確的開始時間了，只記得那個「不夠好且沒用的我」長久以來深深地渴望愛自己，然後我花了十年多歲月收集資料、學習和琢磨之後，將有用的內容寫成了這本書。

愛自己並沒有想像中容易，因為討厭自己的心就像鋼筋水泥般堅硬牢固，因此很難動搖或修復，而且它巧妙地藏在頭腦深處，使你的意識雷達更是難以偵測到。

雖說如此，要愛自己並不是完全不可能的事情。只要持續觀察內心，練習理解和包容的話，就能夠「慢慢地、一點點」提高愛自己的能力。我將在本書中說明具體的方法。

「怎樣才能愛上卑微的自己呢？」這樣的煩惱會越來越常出現在接下來的社會裡。珍惜你的人也許會對你說：「你一點也不卑微。你是值得得到愛的人。」

這就是本書要傳達的建言和核心價值。如果那個九歲在雨中逃跑的我、青春期站在鏡子面前苦惱的我，能夠聽到這句如此單純的建言該有多好。但即使現在才知道，我也非常感恩，同時我也非常感謝和開心能夠與更多的讀者分享。

我在寫這本書時得到許多人的幫忙，滿懷熱情的少年、剛踏入社會的新鮮人、已逐漸適應成人世界的中年人等，各個年齡層的人們與我分享彼此的故事。我每次總會問他們：「你愛自己嗎？」只有極少數的人會回答愛。我又問：「你幸福嗎？」絕大多數人都是搖頭。因此，我再次深深地對願意誠實說出痛苦回憶和內心創傷，並同意讓我在書中寫出那些故事的人，獻上最深的謝意！

鄭宰榮

第一章

對指責自己的我說和解的話語

01 從殘酷的敵人變成親密的朋友

朋友面試不順時，我發自內心地憐惜：「沒關係，你已經盡力了。過去兩年來，你的努力已經打下很好的基礎。加油，你一定會遇到好機會的！」

可是當我自己面試不順時，我這樣對自己說：「一切都結束了。我頭腦不好，也沒有盡全力。不會有人要我的，我未來完蛋了。」

我們對朋友總是盡可能地給予關懷，用理性和溫柔的話語幫助他重新鼓起勇氣。相反地，我們對自己卻特別無情，遇到壞事時，總認為是自己的錯，殘酷地要求自己負起全部的責任，並且認為一切都已無法挽回，將自己推往懸崖。

朋友全家來我家作客。朋友的女兒把杯子掉到地上時，我對朋友女兒說：「沒事吧？

沒有受傷就好。不要擔心，這不是什麼大事情。」

可是如果是我們全家去朋友家作客，我的孩子把杯子掉到地上，摔破了。我這樣對孩子說：「你這小子，是不是又在恍神？又不是一兩歲的小孩了。」

對自己無情的人基本上對自己的家人也同樣冷漠。他們會指責家人犯下的錯誤，要求負起責任，卻無意間讓家人內心受傷。

想一想這真的是很奇怪的事情。為什麼我們對自己越是重要的人，越是冷淡無情地對待呢？越是親密的關係，不是更應該溫柔親切的相處嗎？我們不是糾察隊，也不是法官，為什麼不能成為他們最親密的朋友呢？我們如果像對待最好朋友那樣對待自己的話，就會獲得意想不到的強大力量，也會產生戰勝煩惱和痛苦的勇氣，最後就可以把「懦弱且總是看他人臉色的我」變成「世界上最強大的我」。

如果你的內在沒有敵人，那不論外在有多少敵人，都無法傷害到你。

這是英國知名政治家邱吉爾（Winston Churchill）引用的一句非洲諺語。如果不想受到傷害，那我們最先要消滅的是「內在的敵人」——也就是說不要攻擊自己，也不要責備自己，自己要成為自己最親密的朋友。不管遇到什麼事情，只要「我」這個朋友至始至終給予信任和支持，不論遇到哪種考驗，自己都能夠重新站起。

朋友和敵人的差別

朋友是給予安慰的存在。朋友不會殘酷地指責我們的缺點。朋友會給我們帶來勇氣，幫助我們重新站起來。那要怎樣做才能夠讓自己成為這樣的好朋友呢？

首先，你需要分辨自己是給自己帶來力量的朋友，還是帶來不安的朋友。美國德州奧斯汀大學的教育心理系副教授克莉絲汀．聶夫（Kristin Neff）提出以下方法，請回答下列問題，可以把答案寫在紙上，也可以在腦中想就好。

當好朋友陷入艱難的情況，感到非常絕望。我會對他說什麼呢？

當自己陷入艱難的情況，感到非常絕望。我會對自己說什麼呢？答案有不同嗎？為什麼會出現不同答案呢？

我們重新回到一開始提到的故事。朋友努力準備就業考試兩年，但最後還是沒被錄取，我對朋友說了什麼呢？但如果是自己遇到相同事情時，我對自己又說了什麼呢？一般來說，我們都會盡全力地真心安慰朋友，但卻指責自己，並要求自己負起全部的責任，例如批評自己：「像我這樣的人，沒有一件事做得好。」「一定是我沒有盡全力。」

當朋友被甩之後，非常傷心。這時候，我們會站在朋友這一邊，安慰她：「妳沒有做錯任何事情。」或幫朋友加油打氣：「妳是很有魅力的人，未來一定會遇到更好的人。」但如果是自己被分手的話，我們會怎樣說呢？我們往往感到悲觀不已，並折磨自己：「你看看你，被拋棄也是活該。」「我可能再也無法談戀愛了。」

許多人的內心都住著一位像是法官的「敵人」。**內在敵人的聲音越大聲，外部的敵人就更加容易傷害我們**。因此，即使是微不足道的考驗，也很容易讓我們感到挫折，他人的一句無心之語也會讓我們傷心難過、徹夜難眠。相反地，內在敵人的聲音越小聲，我們就會更加堅強，一點挫折根本無法給我們帶來痛苦。

你是你自己的朋友嗎？還是攻擊自己的敵人呢？觀察自己對待朋友和對待自己的方式有何不同，回想自己的思考習慣，你就可以自己做出判斷。

如果你更偏向敵人，那就一定要訓練自己成為自己的最佳好友，也就是改變「對待自己的態度」的訓練。這個並不難，只是需要花些時間養成習慣而已。

我成為自己朋友的方法

❶ 毫不猶豫地為自己辯護

如果有人批評你最好的朋友，你一定會想立刻站在朋友這一邊：「你為什麼要那樣說我好朋友呢？」「你為什麼對我朋友這麼沒禮貌？」因此當你自己遇到相同情況，也一定要這樣做，不拖拉、不猶豫，反射性地馬上做出反應，讓這種反應變成習慣。

我並不是說要你當一個自我中心的人，完全不理別人的意見或閉上耳朵完全不聽批評。就算面對讓人感到傷心的指責，也一定要敞開心胸傾聽，同時不要放棄勇氣。不過，這是當自己成為自己堅強的朋友之後才要做的事情。現在要做的是清楚地表明自己的立場，努力得到對方的理解。

我們的社會總是替「無條件為自己辯護」這件事貼上壞的標籤，特別是當另一方是比你位高權重的人時，也就是說，我們要全盤接受父母、老師、主管、老闆等的指責，才是正確的行為。「大眾」也是一種絕對的權威者，例如明星藝人，絕對不能對大眾的指責感到不滿。這些「公眾人物」被迫站在指責的刀刃尖前，必須無條件地低頭，心甘情願地接受所有指責。倘若當自己為自己提出辯護，就會遭受到更殘酷的懲罰。

正因為我們活在抵制「自我辯護」、要求無條件地反省的環境中，才更需要保護自己的態度。

❷ 像面對五歲小孩那樣照顧自己

五歲小孩犯錯時，大人並不會太過嚴厲的責備。五歲小孩說有苦惱時，大人也不會無情地嘲笑或訓斥。有時候，我們需要像面對五歲小孩那樣照顧自己的心靈，就像溫柔照顧小孩的父母那樣擁抱自己。

❸ 不要對自己說出無禮的話

有些人對別人非常有禮貌，唯獨對自己很無禮。他們習慣責備自己，對自己說的話在大多數情況下不但不正確，而且也沒禮貌。很少有人會對別人說：「你為什麼這麼笨？」大家也會克制使用「你到底在搞什麼？」這類無禮的言語。那為什麼你對自己隨便說這些話呢？我們對別人小心翼翼地貼心對待，也需要好好練習「鄭重地對待自己」。

❹ 珍惜獨處的時間

跟以前相比，自己獨處的時間變得很少了。因為即使是一個人待在房間內，也並不是完全一個人。由於智慧型手機的出現，我們基本上隨時隨地都在跟他人保持聯絡，「獨處時間」就這樣被剝奪了。因此，獨自散步或獨自喝茶的時間，在智慧型手機時代中顯得更為重要，特別是如果你想讓自己成為自己的朋友，那就要更慎重地看待獨處時間，因為這是可以完全面對自己的時間。如果想要澈底地了解自己感受到的痛苦、開心、混亂和恐懼情緒，就需要獨處時間。獨自散步並思考的時間越長，自己就會離自己越近。

❺ 不要過度自責，而是找出解決方案

自己親近的人面臨嚴峻問題時，我們不會追根究底地逐一檢討他犯了哪些錯誤，才導致事情的發生。我們通常都會先把原因放在一邊，先一起努力找出解決方案。但是當自己遇到相同事情時，這個順序就改變了。我們總是過度責備自己，然後一直不去思考解決方案。這時候，一定要改變思考的方向。

❻ 嚴厲批評自己時也要遵守禮節

儘管有時候也需要嚴厲地自我批判，因為懂得坦誠認錯和反省才是真正的大人。只是這自我批判之前，有一件事情一定要遵守——那就是禮節，一定要小心翼翼地遵守禮節。當我們指責別人的錯誤時，會相當小心遣詞用字，為了不說出無禮的話語深思竭慮。責備自己的時候，也一定要遵守禮節。

殘酷對待自己和家人的「我」

有些人面對別人寬容大度，面對自己和孩子時卻過分地責備。他們總是這樣為自己辯護：「因為是自己的孩子，才會更加嚴厲。」「我是為他好，所以才這樣教育。」

由於他們想要培養出行為舉止端正，被自己管教的孩子，才會認為一定要用責備的方式教育孩子。他們解釋說不得不這樣做，只有這樣才能培育出有教養的孩子。但是，真的是這樣嗎？冷酷無情的責備，真的可以讓孩子變得正直嗎？這一點我們並不確定。但可以確定的是，父母錯誤的責備會給孩子們帶來無法挽回的傷痛，而且父母不成熟的責備，甚至可能影響父母與子女一生的關係。

許多人對上司畢恭畢敬，但對父母卻出言不遜，可能是出於「如果是媽媽的話，一定可以理解我吧」的信任感和安心感，又或者是其他原因。父母在愛我們的同時，也會帶來傷痛。從幼兒時期開始長期累積的不滿和傷害，會讓孩子們的心靈變得扭曲。

就像父母因為擔心孩子無法正常成長而常常訓斥，我們也相信如果停止責備自己，自己就無法成長。對自己冷淡無情和自我批判，真的是對自己有益的良藥嗎？抑或是讓我們變得不幸的一種自我傷害呢？停止自我責備，我們真的就會變得懦弱和無能，過上不幸的生活嗎？

這些問題並沒有絕對的答案，但客觀上來說，因為你成為自己溫柔的朋友，就能保證你絕對不會走上歪路。像心意相通的最佳好友、像費心照顧孩子的父母那樣，親切且有禮貌地對待你自己吧，這是讓「自己」前進的第一步。

Self Talk

「沒有人會像愛自己的子女那樣愛朋友。因為我們會願意為孩子豁出生命，但是對朋友並不會。」

「對。不論是多麼親近的朋友，也不可能像對待孩子那樣慎重。」

「所以我們不會責備朋友，也是因為不像深愛孩子那樣愛朋友，因此才可以用輕鬆的心情無條件地說出甜蜜和正面的話語。」

「你的意思是我們會對自己和孩子嚴厲，是因為愛之深，責之切。聽起來好像有道理，但我的想法稍微不一樣。」

「為什麼？」

「我們對自己不友好的原因不是因為愛，而是因為不知道愛的方法。對孩子也是如此。如果真的是深愛的人，我們更應該培養好好表達愛的能力。」

Self Test

01 我是自己的朋友，還是敵人？

你是自己的朋友嗎？你是不是只是對別人親切，卻對自己總是很嚴格呢？透過以下測試，就可以知道你是自己的「朋友」還是「敵人」。雖然不懂得羞愧是不好的事情，但如果對每件事情都感到羞愧和拼命低頭認錯，也是不對的事情。

① 朋友說謊卻被拆穿，他感到很難受。你會對朋友說什麼呢？

a. 丟臉死了，連我都覺得你很丟人。

b. 沒關係，抬起頭來。你只要好好解釋為什麼那樣做就可以了。

② 你因為自己說的謊言被拆穿後感到很難受。你會對自己說什麼呢？

a. 丟臉死了，你丟死人了。

b. 沒關係，有可能會發生這種事情。讓我來解釋為什麼會這樣。

③ **朋友因為說錯話，給某人帶來了傷害。你會對朋友說什麼呢？**

a. 你為什麼會做出這種惡劣行為呢？

b. 不要太過自責。好好道歉和請求對方的諒解吧。

④ **你因為說錯話，給某人帶來了傷害。你會對自己說什麼呢？**

a. 我為什麼會做出這種惡劣行為呢？

b. 不要太過自責。先好好道歉和請求對方諒解，就會沒事的。

⑤ **朋友和戀人分手了。你會對朋友說什麼呢？**

a. 都是因為在一起的時候，你沒有好好對待他／她。

b. 不要氣餒，你一定會遇到更好的人。

⑥ **你的戀人和你提出分手了。你會對自己說什麼呢？**

a. 我們在一起的時候，我是不是哪裡做的不好？

b. 沒關係，我一定會遇到更適合自己的人。

⑦ 朋友被裁員了。你會對朋友說什麼呢？

a. 你對公司來說是不需要的人。

b. 是你的老闆有問題。你是有能力的人，一定可以找到新工作。

⑧ 你被裁員了。你會對自己說什麼呢？

a. 我對公司來說是不需要的人。

b. 老闆看不到我的能力所在。我一定可以找到更棒的工作。

02 自我憐憫會讓我變得軟弱嗎？

我親愛的兒子在兩歲的時候被診斷出自閉症。孩子閉上了嘴巴不肯說話，卻像剛出生的嬰兒那樣滾來滾去，或是沒來由地大聲尖叫。我陷入了絕望。為什麼命運要給我這種考驗，我想埋怨老天，也想大聲尖叫。我得要壓抑住自己的情緒，才可以跟像兒子一樣的自閉兒相處。

不過，我做出了選擇。我決定憐憫自己的處境。我努力親切地對待遭受極大考驗的自己。我對自己的憐憫和親切成為強大的力量，讓我有勇氣照顧自閉症的兒子。

這是克莉絲汀・聶夫的經歷。當她知道自己兒子羅恩得到自閉症時，感到極度的憤怒和絕望。她憎恨老天、憎恨命運，滿腹委屈，傷痛不已。在這種痛苦之中，自我憐憫成為她的力量。她回想是自我憐憫（自我同感）安慰了深陷悲傷的自己。她對自己的憤怒和絕望感到惋惜，但也認同這些情緒，理解和安慰那個因為挫折而發怒的自己。

認為自己不幸，並溫柔地對待自己就是自我憐憫的態度。自我憐憫為什麼可以安慰陷入痛苦的人呢？

我憐憫我自己

我們在生活中常常感受到負面情緒，有時候壓抑不住的怒火會一下子爆發出來，這是很沉重的情緒。由於我們認為這是非常不好的情緒，所以很難對別人表現出來，可是我們非常清楚自己憤怒情緒的來由，這種時候，你是感覺到罪惡感呢？還是寬容大度地理解自己呢？請從以下的答案選出一個。

A. 我居然這樣發脾氣。真的是太丟臉了。

B. 雖然暴怒不對，但是我可以理解我自己。因為我會這樣做是有原因的。

人們通常會像A那樣無情地責備自己。因為我們的教育認為「對自己嚴格」才是正確的，所以大家總是會被動地那樣做。但B的想法是錯的嗎？「動怒的自己雖然不對，但可以理解」就代表不貶斥自己，擁抱自己，這種姿態難道理所當然該被譴責嗎？

B就是「自我憐憫」的姿態。在自己暴怒之後，寬容大度地包容和安慰那個因罪惡感而煎熬的自己。但這並代表說下次再遇到相同情況時，自己可以一樣暴怒，合理化非理性的行為。這樣的話，就只是毫無目的、盲目的自我安慰，只能短期內讓我們減少痛苦，但是之後傷痛會再次來襲。

孩子因為自閉症無時無刻都在尖叫或扭動身體，克莉絲汀．聶夫常常在超市、飛機上、路上面臨難堪的情況，不知道原因的行人們會紛紛用譴責的眼神看向她們，那個眼神彷彿在說：「這個媽媽沒在管教不懂規矩的小孩。」

這時她就會這樣想：「沒關係。不知道原因就胡亂責備的人才有問題。我沒有理由因為他們不知道真實情況的譴責眼神而受傷。」

擁抱憤怒和羞愧之心

當周圍的人討厭自己或顯露出責備神色時，我們當然會感到低迷。感受到責備的眼神時，自然會感到委屈，這時候就會產生無人願意幫忙自己的孤獨心情。一般來說，我們很容易變得無地自容、不知所措，低頭自責自己是不是做錯哪些事情。也有人會因為鬱悶而突然大發脾氣。到底我們應該怎樣做才是正確的呢？

最安全的方法是「憐憫陷入困境的自己」，採取自愛的態度，認為自己「現在正努力堅強挺過，雖然沒有做得很好，但是我為自己感到自豪」。如同我們遇到難熬的情況時，會從好朋友或家人尋求真心安慰，並獲得支撐下去的勇氣。自我憐憫的態度，也是自己幫助自己獲得克服痛苦的力量的最強戰略。

克莉絲汀．聶夫提到自己在養育自閉症兒子時，經常犯下錯誤。一般父母發現自己犯錯後，都會相當後悔並嚴格地責備自己。但是克莉絲汀．聶夫比起責備自己，更常對自己說的是：「妳已經盡力了，可以得到原諒。」她通過這樣子的方式為自己帶來勇氣和解脫感。

世上沒有完美的人，缺點比優點多的人也不在少數。我們內心除了有愉快和滿足等正面的情緒，也有憤怒、失望和羞愧等負面情緒。有些人每天可能犯下相同的過失，也可能因為內向而被嘲笑，因為自尊心過低而備受煎熬的人也不少。

該怎麼對待不完美的自己，才是問題的重點。我們常常選擇「自我責備」，對自己說：「我真像個傻瓜。」又或者假裝看不到自己的不完美或缺點，採取逃避的態度。然而，責備和逃避都不是解決方法。

許多心理學者或心理治療師都推薦的是「自我憐憫」，也就是憐憫「因為不完美而感到傷心和羞愧的自己」。就像心疼受傷的小貓小狗，我們也要心疼陷入痛苦的自己，方法很簡單，只要對自己說安慰的話就好了。自我憐憫，可以讓我們戰勝傷害，並獲得在險惡世界中繼續活下去的力量。

不允許自我憐憫的社會

如果你認為「自我憐憫」聽起來並不是件好事，是因為我們的社會普遍認為這是自認不幸、無能為力和怯弱的表現。因此，「你現在正在自我憐憫」其實是偏向責備的意思。

也許有些人沒有這種經驗，但是大多數人被迫要看起來很堅強。或許是因為社會快速發展的關係，形成了這種集體強迫症。在我們的社會中，必須達成目標、打敗競爭對手才可以生存下來，因此強大的存在成為唯一理想的自我形象。

然而，要成為強大的存在，就必須忍受傷痛。當自己將要陷入悲傷和挫折時，必須抗拒這些負面情緒，可是這樣做，只是讓你無法面對自己的傷痛，也無法認同他人的傷痛。這樣的人面對另一半或子女的悲傷，會要求他們快點克服困難、重新站起來，必須當一個強者，還會拼命強調不可以裝模作樣地自我憐憫。

因為這種文化的關係，即使感受到個人的痛苦或傷心，也會認為這些情緒微不足道，或假裝不知道，積極地否認。心理學上說的「自我憐憫」態度則正好與之相反，主張要同情和擁抱「無能為力和傷心的自己」，接受自己目前的模樣。

自尊心低、懶惰、沒有能力、長得不好看、性格差等都沒有關係，即使每天犯錯也不是問題。重要的是現在的我是正在遭受痛苦和煩惱折磨，還是正過著舒適和幸福的生活。

我們需要思考哪一種方式對自己比較好。是「拒絕自我憐憫和自我認同，用指責來鞭策自己」的態度比較好，還是「通過自我憐憫來安慰自己，讓自己的負面情緒被接住」的態度比較好呢？根據肯定自我憐憫的專家學者的說法，當人們覺得自己可憐時，會減少自己的痛苦和提升幸福感。

正確的自我憐憫態度

正確的自我憐憫態度是什麼呢？這裡整理摘要克莉絲汀・聶夫教授在自己的部落格上分享的內容。

你對自己親切嗎？

- 當你感覺到內心的痛苦時，你會努力呵護自己嗎？
- 你能容忍自己的錯誤或不足嗎？
- 你會努力理解自己的壞脾氣嗎？

如果上面三個問題的答案都是「是」的話，表示你是對自己非常親切的人。相反的，就是非常不親切的人。大多數人應該是位於中間。

你有多會批評自己？

■ 你會批評自己的錯誤或不足嗎？

■ 如果你發現自己不好的一面，會自我批評嗎？

■ 當感覺到痛苦時，你會置之不理嗎？

這些問題的答案都回答「是」的人，具有過度批評自己的傾向，屬於當自己犯了錯誤或有缺點時會馬上自我折磨的類型。

你能夠客觀地看待自己的痛苦嗎？

■ 你認為自己遭遇的挫折，是所有人都可能遭遇的挫折嗎？

■ 當某件事情失敗時，你會認為這是所有人都可能遭遇的失敗嗎？

如果都回答「是」的話，表示你具備客觀看待自己痛苦的能力。相反地，如果認為只有自己會遭遇挫折或痛苦的話，就會感到孤單煎熬。如同所有人都會感冒，我們遇到的也是所有人都有可能經歷或遭遇的挫折。

你的孤立感有多大？

- 當你感到鬱悶時，會覺得其他人比你看起來更幸福嗎？
- 其他人輕鬆就能做到的事情，唯獨對你來說很難嗎？
- 當重要的事情失敗時，你會認為只有你總是失敗嗎？

「我這樣努力還是失敗了，可是那個人好像很輕鬆就獲得成功了。」這類想法會讓我們陷入深淵。其實每個人都有類似的經驗，並非只有自己無能或倒霉。一旦能夠意識到這一點，就可以客觀地看待和評價自己，維持健康的精神狀態。

你的內心有多堅強？

■ 當內心感到不安時，你會努力讓情緒維持穩定嗎？

■ 即使面對巨大的失敗，你也能用寬廣的視角來看待和分析嗎？

如果答案都是「是」的人，表示你是內心非常堅強的人。即使內心不安，也會努力安撫自己的情緒；即使遇上巨大的失敗，也會客觀分析。這會讓你慢慢壯大保護自己的心。

你的內心有多容易被動搖？

■ 當重要的事情失敗時，你會認為自己是不夠好的人嗎？

■ 當你越來越不安時，會失去控制力、被情緒掌控嗎？

■ 當遇到困難的事情時，你會誇大那件事情嗎？

如果答案都是「是」的話，表示你具有心太軟、容易被動搖的傾向。

如果懂得正確的自我憐憫，你就可以從容地接受自己的缺點，也不會嚴厲地指責自己犯下的錯誤。即使遇到困難的事情，也會認為「這是大家都會遇到的事情」，同時努力維持情緒的穩定。為了不被自己的情緒洪水淹死，我們需要練習保護自己。

Self Talk

「我偶爾會認為自己很不幸。我知道不可以這樣想，但我實在太過可憐可悲了，我無法不這樣想。」

「為什麼不可以認為自己很可憐？」

「自我憐憫會讓人變得軟弱。人會變得更懦弱。」

「有許多學者認為自我憐憫是有益的情感。他們認為唯有認為自己可憐，才能夠變得更強。我認為這是有道理的。」

「即使如此，想要變強大，就一定要具備理性意識，才能夠活下去吧？」

「朋友遇到困難的事情時，我們通常也能感同身受；同事感到傷心的話，我們也會跟著痛心。而我們的經驗是，同理對方並和他一起分擔傷痛，能夠成為他人的巨大安慰。自己對自己也是如此。」

「對自己自我憐憫，真的可以變強大嗎？」

「那是絕對有可能的。首先，憐憫會讓人的心變得溫柔。能夠安慰自己的悲傷和痛苦，充分地撫慰自己，你的內心就會被療癒。」

03 為了一顆爛柳橙，丟掉一箱柳橙

朋友來我家作客時，帶來了一箱柳橙。箱子還沒打開，整間屋子就已經充滿了柳橙香。所有人的心情都很愉悅，新鮮和清新的水果香讓人直流口水。我打開箱子，伸手拿起一顆柳橙，沒想到是一顆爛掉的柳橙。我馬上把整箱柳橙拿到後院的垃圾桶前面，我會怎麼處理這一箱柳橙呢？

把整箱柳橙都丟掉嗎？當然不是。爛掉的柳橙只有一顆而已，丟掉那顆就可以了。如果因此把整箱柳橙都丟掉，是不正常的反應。那這是送柳橙的朋友的錯嗎？雖然一箱柳橙中有一顆壞掉的柳橙，讓我心情不太開心，但也不會因此責備朋友。只是一顆柳橙壞了而已，朋友並不是刻意要送我壞掉的柳橙。如果僅僅因為箱子內有一顆柳橙壞掉，就忽視朋友的好意，這也是不正常的反應。

這篇是美國心理學家、維吉尼亞大學教授羅素．格蘭傑（Russell Granger）刊登在《今日心理學》（*Psychology Today*）上，改編自真實經歷的故事。

人不是一顆柳橙，而是一箱柳橙。就像我們內心可能有一顆「壞掉的柳橙」，有可能是情緒控管不好，也可能毫無理由地感到不安，或無意中對別人說出失禮的話，有時候也會一整個月懶散度日、虛度光陰。

然而，箱子內只有一、兩顆柳橙壞掉而已，如果因此就把整箱柳橙丟掉，是很奇怪的事情。我們身上都有一、兩個缺點，如果因此就責備自己或放棄自己，同樣是很奇怪的反應。可是卻有許多人這樣做。讓我們看一下當自己犯下錯誤時，自己通常是怎麼反應：

A.「我做錯了。這很明顯是一個錯誤。我認錯。」

B.「我做錯了。我真的是個傻瓜。死了也活該。」

A雖然也是認錯，但並不認為很嚴重，因此沒有攻擊自己。B把自己的錯誤做為理由，貶低自己的存在，只是犯了一個錯誤而已，卻把自己整個人當成不良品，不斷自虐，就像因為一顆壞掉的柳橙，就把整箱柳橙丟掉那樣。像B那樣想不太好，但是我們就是被教育成要這樣說和這樣想。

我們從小就被洗腦說如果犯下小錯，就會釀成大錯。例如，我們會聽到大人威脅說：「你不聽話的話，以後就會變成壞人。」我們常常聽到因為小錯、小缺點就會讓整個人生完蛋的警告，俗諺「小時偷針，大時偷金。」有時候也是一種可怕的脅迫。

教育偷東西的小孩「不可以偷竊」是正確的教育。可是接著恐嚇道：「這樣的話，你將來長大後一定會變成罪犯，就要在監獄內關一輩子。」這樣說就不好了。我們從小隨時都會受到這種恐嚇，被教育成誇大小小的過失和缺點，否定自身價值，因此才會有許多人像B那樣說話。

而且我們並不是針對自己而已。許多人會把他人一個錯誤當成證據，開始進行人身攻擊。假設下屬犯錯時，上司會有以下兩個反應：

C.「這次做錯了。下次要好好表現。」

D.「這次做錯了。你就是這麼冒失。你的態度也有問題。」

再次強調，「人是一箱柳橙」。一個錯誤並不能成為否定一個人價值的證據。像C才是合理的反應，這句話是把錯誤和下屬的人格分開看，並傳遞著相信下屬下次可以做得很好的信賴感，可是不幸的是，社會上更多人是像D那樣說話，這句話把一個錯誤和一個人的人格同等看待。但是再小心翼翼的人，也有會犯錯的時候。工作態度多好的人，也同樣會犯錯。只因為一個錯誤，就貼上「冒失的人」這個標籤，實在太過武斷。

我的朋友裡，就有像D那樣說話的人。他從小就受到這種「犯下一個小錯誤，整個人格就被汙辱」的責備。言行舉止一有不對，就會被狠狠訓斥。他持續忍受著傷痛，又隱約發覺周圍的人都是如此，因此長大成人之後，就會使用相同觀點和態度教育自己的兒女。

羅素．格蘭傑強調：

你的行為和你自身要分離。

我們每天有無數的行為，或多或少都會出現錯誤的言行。我們要反省自己的錯誤，但是不可以跟自身價值混為一談。我們的存在並不是一個錯誤。錯誤是錯誤，我們是我們。

行為和自身要分離開來。**即使犯下錯誤，你依然是值得被愛的重要存在。**

當你犯下錯誤時，請這樣說：

「是的，我做錯了。我承認這是一個明顯的錯誤，但是我不能因為這個錯誤，就認為自己是一個不對的人。我不能因為這個錯誤和過失就貶低自己的價值。」

大多數人在證明自身存在價值或自我主張時，都顯得模稜兩可，因此才需要依靠自身以外的其他東西，例如通過擁有許多金錢來提高自信。然而，金錢無法說明我們存在的價值。地位也是。那構成我們自身的要素有哪些呢？人格、習慣、夢想、傷痛、幸福、笑容、眼淚等數不盡的要素，社會地位只不過是眾多要素中的一個而已。這是人們制定出離譜的條件來凸顯自身的價值，其實跟三歲小孩，把玩具跟自身同等化並無兩樣。

只要不是明確的犯罪行為，包容自己的錯誤才是正確的做法。不論是怎樣的錯誤，也不管自己有多不好，都要原原本本地接受自己和憐憫自己，只有這樣做才能夠安慰自己。「自我安慰」，換句話說也是「自我擁抱」。

當把這種原諒態度內化之後，自然對別人也會如此，就可以接受另一半、周遭同事或朋友們是「一箱柳橙」這個事實——他們本身都沒有錯。我們有可能被誤會，也有可能因過失被中傷，因此不可以拿一、兩個錯誤來判定那個人。只要抱持這個想法，當他人有過失或犯錯時，就能減少苦惱。

04 不跟自己戰鬥，關係才能變好

一隻狗跑進裝有數百面鏡子的美術館，天花板、牆壁、門，還有地板都是鏡子。狗環顧一看，四面八方、從上到下，滿滿都是陌生的狗。當它露出犬齒狂吠時，數百隻狗也同時露出牙齒，狂吠不停，樣貌無比凶暴。狗左右跑動的時候，數百隻狗也跟著它跑來跑去，於是，狗用盡全身力氣追趕著其他狗，片刻也沒有休息。隔天早上，守衛發現了這隻倒下的狗，它已經虛脫了。這隻拼命「跟自己吵架」的狗生命岌岌可危。

這則寓言中，這隻跟自己吵架的狗，它用盡全部力氣對自己狂吠。我們過去學習到「跟自己的戰鬥，一定要贏」，可是事實上，「「跟自己戰鬥」只會讓我們變得更加不幸，而且「「跟自己的戰鬥，一定要贏」這句話本身就很奇怪。因為跟自己爭吵，絕對不可能贏。不管是哪種情況，「我」一定會失敗，也會受傷。

「跟自己的戰鬥，一定要贏。」這句話的意思應該是要克服內心的懶散、恐懼等缺點，要變成更強大、更優秀的人，於是許多人下定決心：

「我天性懶得要命。如果要通過考試，就必須戰勝懶惰。」

「我太小心謹慎了。我要戰勝這個性格，變成寬容大度的人。」

「我無能至極。我一定要打敗無能，變成成功的人。」

這些意圖都是好的，不僅具備變得更好的慾望，目標也很明確，但是都存在一個問題：這些決心都是出於自我厭惡而立下的。在這些話中，「我」被描述成令人厭惡的人。做出這種決心的我，事實上是把懶散、小心謹慎、無能等看成「惡性腫瘤」般的存在。

我們內在沒有惡性腫瘤

每種性格都具備雙面性。懶散的人可以是悠閒從容的人，相對地，整天勤勞工作的人就較為缺乏悠閒性。小心謹慎的人懂得避開危險的事情、慎重行事。沒有一個人對所有事情都是無能的。不論是誰，對於自己喜歡的事情都能夠發揮能力。精神上不會長出惡性腫瘤，只是有各種不同特徵和個性而已。「跟自己戰鬥」這句口號，聽起來感覺我們都很壞，是在自我貶低和自我否定。

更重要的是，這句口號真的會產生正面效果嗎？自我責備和壓迫真的可以讓自己變得更好，獲得更多成就嗎？

假設有間公司脅迫員工，如果無法讓現在的業績提高十倍，就會被解雇，會有越來越多員工為了不被解僱而達成目標嗎？員工們會愉快地工作，公司業績會越來越好嗎？依常理推斷，真的很難給予肯定的回覆。

我們也是如此。如果我們對自己施壓「一定要達成」，或恐嚇自己如果失敗，一切都會完蛋，這種方式其實很難帶來好的結果。原因如下。

❶ 過高的目標會帶來挫折感

通常說著「我要戰勝自己」的人，通常會把目標設定得太高。當把目標設定得太高時，也就更容易感受到挫折感。假設每次只考六十分的孩子，下定決心要在短時間之內考到一百分，或是決定在兩個月內減重二十公斤，這些目標不僅很難達成，遇到小失敗時反而更容易感到挫折。有可能因為一次考砸，因為太過失落就放棄目標，甚至放棄學習。或是忍不住吃了一支冰淇淋後，因為太過慚愧反而開始暴飲暴食。

目標最好設定成自己可能做到的程度。不要一開始就過度壓迫自己，設定一個太過遠大的目標，而是要看清楚現實，一步步地慢慢成長，這樣長期來看反而更加有利。

❷ 自我批判會減弱自己的耐力

「我很懶散，也很無能。」反覆自我批判，會減弱自己的耐力。為了達成目標，必須長期付出努力，這件事情本身已經很辛苦了，已經在鞭策自己了。加上自我批判懶散或脆弱，也是在鞭策自己。鞭策自己的言語雖然可以讓人跑得更遠，但是也會讓我們的心靈遍體鱗傷。被挨打的人，是不可能感覺到幸福的。當我們產生鬱悶的心情和反感之後，就會認為人生毫無意義。當雙腿發軟無力，就無法長時間往前奔跑。

在追求目標的過程中，如果取得小成就，對自己說「做得很好」、「你很厲害」的話語，就能夠幫助自己獲得勇氣。相反地，如果不停地壓迫自己，對自己說「還是做得不夠好」、「你應該做得更好才是」的話語，就會慢慢變得憂鬱，也會慢慢失去繼續前進的力量。

❸ 自我批判會擴大對失敗的恐懼

假如認定「如果不能達成目標，就完蛋了」，那我們對於失敗的恐懼感就會越來越大。雖然有人主張必須擁有這種恐懼感，才會認真地付出努力，但是反對這種想法的人也很多。因為有太多人因為過於害怕失敗，反而連嘗試也沒有就直接放棄了。如果你把「失敗」等同於「滅亡」，那腦中自然會先浮現恐懼感，這就像不背著降落傘卻要直接往下跳一樣，根本不可能產生挑戰的念頭。

許多考生和上班族會想著「如果無法達成這個目標，我就完蛋了」，其實並不需要這樣鞭策自己，那樣的說法只是在威嚇而已。我們只需要在內心清楚認知到不論是哪種失敗，「我」都不會完蛋。

社會長久以來教導我們「要戰勝自己」，這種教育在人們心中形成一個牢固的框架。通過壓迫和批判自己來戰勝自己，真的會幸福嗎？做好這種心理準備，才更容易達成目標嗎？其實，不這樣做反而更容易達成目標。

許多心理學家強調人類比起「自我壓迫」，更需要的是「自愛」。自愛的意思是接受和愛自己原本的樣子，不要給自己帶來痛苦和恐懼，而是要溫柔地幫自己加油打氣、擁抱自己。

我們來看看具體的事例。孩子拿著考得超低的成績表回家，父母有可能會說出以下的話：

A.「你真的有問題。不只是懶散，還沒有責任感。再不認真學習，你將來一定會變得又窮又不幸。你要好好吸取這個教訓。」

B.「這次成績掉得很多。如果將來你想要自由選擇自己想做的事情，你必須考得比這個成績更好。不用擔心，媽媽和爸爸會幫助你。你要鼓起勇氣。」

A是批評，B是包容。A是否定孩子的價值、恐嚇孩子；B是接受孩子現在的樣子，給予建議，並鼓勵他鼓起勇氣。

大多數父母都是像A那樣說話，可是如果真心希望孩子改變，就必須像B那樣說。只有這樣說，才能夠讓孩子不受傷，並產生更加努力的想法，之後成績才有可能考得更好。

自己對自己也是如此。只有理解自己、鼓起勇氣之後，才能夠產生正面的能量。如果像一味攻擊自己的狗，就會慢慢失去力量，變得痛苦和不幸而已。

越幸福，越聰明

社會上有許多人認為自我批判和自我虐待是成功的祕訣。因為我們被教育越是冷酷無情地鞭策自己，就能夠獲得更多。我們認為必須不幸之後，才會成功，或幸福是成功之後才能獲得的禮物。

美國知名心理學者兼作家尚恩・艾科爾（Shawn Achor）認為這說法完全錯誤。順序其實是顛倒過來，他主張「並不是成功之後才會幸福，而是幸福之後才會成功」，因此受到廣大人們的矚目。他在TED演講中提到：

我們的大腦處於肯定狀態時，執行能力相當高。跟大腦陷入負面情緒或中立狀態，或感受到壓力相比，大腦處於肯定情緒時，執行能力高出三一％。不只是智力和創意提高，也會充滿能量。

當內心處於肯定狀態時，也就是感覺到幸福的時候，大腦就會變得更加聰明。當工作能力和思考能力變得更好時，成功的可能性當然也隨之提高。**幸福的大腦會招來成功。幸福不是結果，而是成功的條件之一。**

不停地批判和逼迫自己，會讓幸福從我們手中溜走。你只要相信自己、接受自己、擁抱自己，就可以更快地成功。

Self Talk

「我實在太胖了。」

「你想減肥嗎？」

「嗯！我這次一定要成功。不管發生什麼事情，死也要成功！」

「即使如此，你也不用說那麼毒的話，太可怕了。」

「沒辦法呀。我實在太討厭自己的身材了。」

「即使身材豐滿，你也是很有魅力的人。不必這樣自我厭惡吧。」

「沒有其他方法了。我必須丟掉這個慘不忍睹的身材，才有可能變得漂亮。」

「就算如此，先放下厭惡，改成充滿愛的心試試看。即使只減掉半公斤，也要感謝自己和由衷地喜悅，然後想像未來減掉兩公斤的模樣，一步步慢慢來。」

「如果像你這樣想，百分之百會失敗的。」

「如果失敗，再重新開始就可以了，有什麼關係？而且這樣過度逼迫自己，也不會成功。如果因為減肥失敗而更加自我厭惡，不就是雙重損失了嗎？最重要的是——即使失敗了也沒關係，你現在的樣子已經非常美麗了。」

05 對自己的愛必須是無條件的

有個五歲的孩子正在閱讀書籍，周圍的人看到之後，大呼小叫地表示驚訝。大人們羨慕地說孩子是個天才。媽媽聽了之後非常高興，所以每次孩子閱讀時都會給予稱讚，於是孩子閱讀的時間變得越來越長，也開始不愛跟朋友們玩耍。漸漸感到不安的媽媽，開始阻止孩子閱讀。當孩子不肯放手時，媽媽甚至打算直接從孩子手中搶走書，孩子則拼命地緊抓著書，一邊努力掙扎，一邊放聲大哭。這時候，媽媽就會更加強硬。在一陣你奪我搶的折騰之後，孩子的書被搶走了，他哭著問媽媽：「如果我不看書，媽媽還會愛我嗎？」

當孩子認為自己必須閱讀，才能夠得到大人的關心和愛。在孩子心中，閱讀是「得到愛的條件」，因此當這個條件被剝奪時，才會感到絕望和拼命抵抗。

雖然情況不同，但是大多數大人也跟這個孩子有著相似的想法。由於從小就被教育必須做出某種有價值的行為，自己才是有價值的存在。必須做好事、必須聽話、必須努力學習等等，認為只有這樣才能夠得到父母或老師的喜愛。我們從小就無意識地學習到「為了得到愛，必須具備某個條件」這種規則。

英國諾丁漢大學心理學教授史蒂芬・約瑟夫（Stephen Joseph）在《今日心理學》雜誌上寫道：「愛有兩個樣子。」那就是「有條件的愛」和「沒有條件的愛」。

不論孩子學習有多差或常常惹事，父母都如一地疼愛孩子，就是無條件的愛；不介意另一半或朋友從事社會評價低的工作，依然愛他，就是無條件的愛。相反地，如果對方必須符合某個基準，你才會愛對方的話，那就是有條件、有前提的愛。

我們非常習慣「有條件的愛」。假如媽媽對漂亮的女兒發出讚嘆，雖然媽媽並沒有特別的意圖，但是女兒聽到媽媽的評價，就有可能認為自己必須保持美麗，才能夠得到愛。假如孩子自己閱讀時，得到父母特別的讚嘆和稱讚，孩子就會相信「閱讀」是得到愛的條件。假如我這次的考試成績很好，因此父母看起來心情特別愉悅，我就會把「好成績」當成「獲得愛的條件」。

現在請大家來觀察自己的內心。史蒂芬・約瑟夫教授要求大家填寫下面句子的空格。

我如果要成為有價值的人，必須＿＿＿＿＿。

通常腦中會反射性地冒出許多想法。一般來說，可能會有以下想法：

必須努力工作。
必須比其他人漂亮。
必須不發脾氣或不抱怨。
必須有條理地說話。
必須變得強大。
必須維持良好的人際關係。
必須具備優越的工作能力。
必須誠實。
必須做善事。
必須保持美麗的外表。

人們認為如果想被認同或是得到愛，就必須做到某件重要的事情。大人們因為被這樣教育和洗腦地長大，也把這些價值觀原封不動地灌輸給兒女。當然，這些都是錯誤的想法。如果想真心愛自己，必須要這樣想：

不論我做什麼，我都是有價值的人。
不論我長得怎樣，我都是很珍貴的人。
我是「無條件的珍貴」存在。

討厭閱讀的女兒也很珍貴，學習不好的兒子也是應該受到尊重的人格主體，擁有許多缺點的父母也是珍貴的存在。我們彼此認為對方很珍貴，並不需要特別的理由，只有無條件的愛，才是健康的關係。不論哪種詭辯來看，也不可能否認這樣的常識，只是我們沒有能力把這個常識具體實現在言行之中。無條件的愛需要學習，練習看看以下的說話和思考方式吧。

不能把事情做好的我，是沒有價值的人。

↓只要我反覆去做，能力就會變好，機會也會變多。

常常發脾氣的我，人品實在太糟糕了。

↓只要我好好控制脾氣，就能成為更加優秀的人。

肯定的言語會讓我們慢慢成為更好的人。

如果真的是毫無價值的存在，不可能通過做好事就突然變成珍貴的存在。事實上，不論處於哪種情況，「我們都是珍貴的存在」，只要通過深思熟慮的言行，就可以慢慢地變成更加美好的人。

請反覆地對自己說：「我是無條件有價值的人」，因為我們長久以來被訓練成要符合條件才能得到愛，所以現在起要通過反覆練習，才能糾正過來。

另一個確認和確信自己很珍貴的訓練方法，是找出自己的優點後，進行背誦。

「你喜歡你自己嗎？」

「當然。我愛自己。」

「你有哪些優點？請說出三個。」

「……」

通常要人們說出自己的優點時，都會瞬間語塞。我們可以馬上說出好朋友的優點，可是卻不知道自己有哪些優點，或者即使知道也會因為害羞而不好意思說出來——這就是對自己不夠關心，自信心和關愛不足的證據。因為我們比起自己的優點，更常關注自己的缺點。即使是在不得不自己說出自己強項和優點的面試場合時，內心某個角落依然感到尷尬和內疚，因為我們從小就被教育展現優點是傲慢的行為。

如果不知道自己的優點，那麼自豪感和愛自己的程度自然會很低。只有清楚地知道自己的優點，並充滿自信地說出來，才可以使擁抱自我的力量越來越強大。

美國一個心理治療網站 Therapist Aid 介紹了「肯定的傾向」，我稍微補充之後，整理如下。請在以下的圖表中選出自己的優點。

智慧	有藝術天分	充滿好奇心	有領袖風範
正直	有同理心	開放性	有韌性
熱情	親切	熱心助人	有親和力
勇敢	合作性高	寬容大度	理解力強
有幽默感	懂得克制	有野心	有創意
敢於冒險	客觀	獨立自主	彈性思考
懂得反省	想法獨特	信賴他人	思路清晰
懂得感恩	謙遜	耐心十足	滿懷笑容

你選了哪些優點呢？是不是發現了自己之前沒意識到的新優點呢？如果是這樣，就反覆說這些優點並記錄下來，將來有機會可以堂堂正正地跟別人說自己的優點。你可以通過具體的證據或事例來說，範例如下：

「我充滿熱情，這是我男朋友愛上我的原因。」
「我很獨立自主，常常有人說我不太給別人造成麻煩。」
「我同理心強，因此許多朋友感到難過時都會來找我傾訴。」
「我幽默感很好，每次聚會時都能讓大家開懷大笑。」

往後退一步，站在別人的立場上評價自己也是好方法。你可以像這樣提出問題：

「〇〇會說我有哪些優點呢？」
「〇〇會喜歡我哪些特質呢？」

許多人遇到別人時，往往不吝找出對方好的一面加以稱讚，但是對自己的評價基準卻異常地高。其實沒有這個必要，用看待別人的溫暖視線來看待自己吧。我們都是擁有許多優點的存在。找出你自己的優點，並且每天反覆地對自己說，就可以讓枯死的心重生，持續且堅定相信「我是值得被愛的存在」。

第二章

對討厭自己的我說理解的話語

06 為什麼我會選擇障礙？

因為突然很想吃泡麵，所以我去逛超市。新上市的泡麵映入眼簾，看起來麵條Q彈，非常好吃。我往旁邊一看，正好看到湯頭爽口的烏龍麵。我拿起烏龍麵時，又看到旁邊的拌麵。我突然想到今天吃烏龍麵可能會太熱，於是我拿起了拌麵。這時候，我又看到了火雞麵。我想像著壓力大的時候吃辣有多過癮呀，馬上就流口水了。

我到底要選哪個呢？啊，真的好難。最後因為考慮太久，肚子實在太餓了。我心想隨便去吃個漢堡吧。

這是常見的「選擇障礙」場景，在選擇食物上，有選擇障礙並沒有什麼問題，就算無法快速決定要吃哪種泡麵，也不會有太大的損失。但是在其他方面的選擇障礙，往往會演變成大缺點，例如遇到「我要和那個人交往嗎？」「我要換新公司嗎？」「我要買哪間房子？」等重要抉擇時，選擇障礙者就像遇到無比殘酷的難關。猶豫不決的結果常常是無法做出決定，不僅浪費了時間，甚至錯失了選擇的機會。

選擇障礙是內心的煞車器，會阻礙人們往前走。如果能夠卸除這個煞車器，可以讓人生過得更輕鬆。首先我們必須了解，為什麼會難以決定的心理原因。

選擇障礙者是充滿慾望的膽小鬼

選擇障礙者的內心通常有以下兩種狀態。

第一種是慾望很多。換句話說，就是「一個也不想失去」，想要擁有全部。站在泡麵的陳列架前，從麵的彈韌口感到火辣辣的刺激味道統統都想擁有。為了可以快速做出決定，就必須具備放棄其他事物的勇氣和決斷力，可是要慾望太多的人放棄其中一個是相當困難的事情。

第二種就是對於未來充滿極大的不安感，他們非常擔心之後會後悔。內心充滿擔心和不安的選擇障礙者常常因為無法結束苦惱，乾脆放棄選擇。

「我有選擇障礙。」這句話也可以視為：

「不管是哪一邊，我都不想放棄。」

「我害怕之後會後悔。」

要如何改變想法呢？方法有以下三種：

❶ 首先要體認到「不可能擁有所有事物」這個事實

選擇了一個之後，就必須放棄其他的選項。現在你選擇了一包泡麵之後，就不可能再去吃剩其他數百種泡麵。當你選擇愛一個人之後，就必須放棄其他所有人選。如果無法接受這個簡單道理，就不可能好好談戀愛，或是有可能腳踏多條船。選擇隨時都包含了「放棄」——當我們意識到不可能擁有全部時，就可以更加輕鬆做出選擇。

❷ 相信自己的直覺

並不是思考越多，就一定能夠得出好結果。想太多的話，會感到疲累；疲累的話，就會降低判斷力。選擇從腦中突然冒出來的想法吧。稍微苦惱一下，就要做出決定，接下來就不要再回想，也不要後悔。「我是不是做錯選擇了」這種不安感也會慢慢消失。

❸ 規定苦惱的時間

如果是小事，就規定自己必須在十分鐘內做出決定，做出決定後也不可以再想。如果是重要的大事，就給予自己二十四小時的期限，也可以規定「明天午餐之前」或「今晚十二點之前」等等，像是「要不要換工作」這種問題與其無限期地苦惱下去，不如給予自己有限的時間，讓自己在期限內做出決定。

人類的選擇不可能完美，因此不可能有完全滿意的選擇。所謂的滿意都只能滿足某部分的需要而已，存在不滿足的部分是理所當然和自然的事情。因此我們不需要為了「所有人都滿意」而花費力氣。

現實生活中不存在完美喜悅的瞬間。沒有一個小時是百分之百單純幸福的。不論是多慎重地做出選擇，我們也只能局部感到喜悅和幸福。不要期待完美無缺的選擇。還有做出選擇後，就不要回頭看。這就是我們治療「無法做出決定的痛苦」的方法。

懶散是害怕的代名詞

我常常拖延事情，總是在臨近截止期限前才開始做。因為必須感受到某種壓力才願意行動，我會盡可能晚開始執行任務，會議準備也會拖到不能再拖時才開始做。不論何時，我都比其他人晚提交資料，也常常遲到。甚至玩樂時也會拖延不已，像是很晚才訂旅館、遲遲不去訂演唱會票或電影票。我常常因為拖延而感到後悔不已。朋友們也說我天性懶散。

有些人即使面對重要事情也會拖延，能拖延多久，就拖延多久。等截止日期快到時，才願意開始做。然而，因為時間所剩無幾，所以工作不可能做得很好，當然也不可能正常發揮實力。

這群人總是苦惱著「還有事情沒做」，周圍人也會這樣說：「你就是太懶散了！」這句話雖然沒有錯。不過也可以從別的角度來看，那就是「不太相信自己的能力」，也就是說，這樣的人是因為擔心自己無法完美地做好事情，所以才會拖拖拉拉。

例如我想在家裡做一桌菜，邀請朋友們來吃。我會先在網路上尋找食譜，然後買食材，最後做出義大利麵。這一系列行動需要花費許多時間和力氣，可是品嚐之後，每個人的反應各不相同。有人說好吃，有人看起來不太滿意。我就有過某位朋友吃了一口我做的菜之後馬上皺眉頭。

這種經驗多了之後，我們就會開始躲避做菜，但原因不是「做菜很累」，而是因為「害怕評價」。對於負面評價的擔憂和抗拒，會使人開始拖延行動，同時也會對自己的廚藝失去信心，變得猶豫不決。

學習也是如此。我們因為學習是為了考試，所以很討厭學習。背英語單詞本身雖然很辛苦，但是更大的障礙是「努力學習之後，考試結果依然很爛」的過去經驗。我們因為累積了這種負面經驗，所以越來越懷疑自己的能力，學習的動機自然也越來越弱。

相反地，假設學生是生活在一個即使考試成績不好，也不會被責備的幸福環境。那學生對於結果就不會感到害怕，自然也不會害怕考試，也不會無限期地拖延學習。

我們無法乾脆地開始做某件事情，總是猶豫不決的真正原因是「害怕結果」。因為恐懼周圍的人對結果進行不好的評價或責備，所以遲遲無法付出行動，只能站在原地。

早晨討厭起床這件事情，也可用害怕來說明。明明沒有很累，因為躺太久，甚至還腰痠了，但很多時候實在難以掀開棉被馬上起床，躲在棉被內翻來覆去是最幸福的時刻。為什麼會這樣呢？真的單純是因為懶惰嗎？還是因為今天必須做某件事情，擔心會有不好的結果呢？

「我討厭起床。」這句話也可以視為：

「這個世界太可怕了。」

「我沒有信心可以順利渡過今天。」

拖延，不只在學習或工作上會發生，面對愉快的事情也如此。例如，為了跟情人共享美味晚餐，開始尋找餐廳。然而一旦開始產生各種猜疑，就會沒完沒了。擔心被廣告詞騙了；擔心大推這間餐廳的人跟自己口味不同；看美食影片時，懷疑是不是業配；或是好不容易找到一家喜歡的餐廳，但是情人覺得不好吃。如果之前有過不好的經驗，那當然從一開始就很討厭找餐廳，於是一再拖延，直到不能再拖的時候才不得已開始尋找。

有些人甚至跟朋友挑選要看的電影和預購票都苦惱萬分。「如果不有趣，怎麼辦？」「朋友如果覺得離螢幕太遠的話，怎麼辦？」等等數不盡的擔憂。如果認定自己沒有挑選電影的眼光，那就會更討厭去做這件事，因此會盡可能往後拖遲，或是把責任推給別人。

「好麻煩！」這句話也可以視為：

「無論如何，我好像都無法做好這件事。」

「我現在沒有做任何事的力氣。」

一旦養成無法按時開始行動的習慣，會讓人生變得更加疲累。就算勉強自己行動，效率也會很低，可是不去做，把事情擱置一旁的話，一直有代辦事項掛在心上也很累。要怎樣做才能夠改掉這個習慣呢？

最需要的是「厚臉皮」的心態。「錯了的話，又不會怎樣！」人都有可能會挑選到無趣的電影，成績也可能不好——但這就是人類。身為人類，我們要接受不論做什麼事情都不可能百分之百完美地完成。

百分之百地被認同的情況，也是絕對不存在的。同一個人面對一萬個人時，不可能被所有人認同和稱讚。用心做了菜，但就是可能會有人覺得不好吃。努力研究做出來的報告，教授也有可能對某部分不滿意。但是這些並不會成為無能之人的證據。不可能做所有事情都會得到好評，這是再自然不過的人生道理了。面對他人的批評，我們只要厚臉皮地面對，就可以改善無限期拖延事情的習慣。擺脫「好麻煩」之後，就可以重新找回自己的活力。

「謹慎的選擇障礙者」和「拖延懶散族」有一個共同心態，那就是不安感。選擇障礙者對於「我的選擇不能完全滿足自己或別人」而感到不安，懶惰鬼則被「我的努力不能讓別人滿意」這種不安感籠罩。

解決方法就是練習讓這些不安感隨風飄走。**我們必須體會到「讓人人都滿意」是沒辦**

法的事情，因為滿不滿意是我們能力之外的問題。活在有些不滿意的狀態是人類的宿命。人類擁有的意識和力量不可能改變這個宿命。只要這樣想，內心就會舒服多了。沒有理由要為不能使自己或他人感到滿意就陷入不安，因為原本就是如此，並不是你個人的過失。

驅散不安感之後，再來練習厚臉皮，也就是「想得很輕鬆」的訓練。當你因為自己的選擇或努力帶來不好的結果時，就必須想：不論是誰都可能犯錯，這並不是需要慚愧的事情，只要接受它就可以。越是害怕選擇或做決定的人，更是需要有意識地去努力練習灑脫。這跟「愛自己」是一脈相通的。即使自己做錯了或是對自己不滿意時，也要練習好好幫自己加油打氣和維護自己。

Self Talk

「一想到工作的事情就覺得很麻煩，因此，我最近不論做什麼都會拖延。」

「不是因為麻煩，而是因為害怕吧？」

「不，只是討厭去做而已。沒有什麼好害怕的。」

「應該是擔心被他人批評之類的吧。」

「當然啊，如果每個人都認同我做的事情，並感到滿意的話，我當然會很開心。」

「百分之百讓他人滿意是不可能實現的夢想。還不如竭盡全力完成之後，厚臉皮地對自己有自信。」

「你是說盡可能完成之後，就不放在心上的意思嗎？」

「對，我們需要的是理直氣壯和厚臉皮的態度。」

07 我討厭我自己

一個人在樹林中遭遇到猛獸，一定會馬上火速逃跑。就算只提高〇．〇一%的生存機率也好，勢必拼命奔跑。如果雙腿被猛獸咬住的話，就算赤手空拳也會打向猛獸的臉部，持續抵抗到最後一刻。假設我遇到這種超級糟糕的情況，我一定會愛自己和保護自己，可是我在日常生活中卻不會這樣做。我反而會因為沒什麼大不了的事情責備自己，無時無刻讓自己陷入痛苦的深淵。自我毀滅的想法一直在身旁煽風點火。我太害怕這樣的自己了。「愛自己」真的是正確的事情嗎？

當你常常自虐和自我批評之後，就會內化成為習慣，感覺就像在自己心中養了一頭凶狠殘暴的猛獸。

事實上，所有生命體都是愛自己的。人類的內心深處也是深深地愛著自己，但是人類生活在跟其他生命體截然不同的環境中。如果想要獲得更多東西，就要先否定自己。在成長過程中，人類學會了討厭自己。在人類的競爭環境中，為了獲勝不能休息，也不能睡覺。**由於處在這種環境中，許多人即使愛著自己，也會折磨自己，**好像另一個討厭的存在不停地虐待和責備自己。

但是當我們靠近觀看這顆自我厭惡的心時，就會發現並非只有討厭，還存在著自我厭惡的原因以及善意。只要充分地理解和擁抱，就能夠解決這個問題。陷入自我厭惡的人會有以下五個重要特徵：

❶ 執著於錯誤

不擅長愛自己的人們會過度執著自己的過失或犯錯。他們總是仔仔細細地檢討自己今天有沒有做錯事情或犯下過失，跟朋友們分開後，因為擔心自己說錯話，開始認真地回想當天從見面到分別的整個過程。萬一覺得自己做了不正確的行為或是說了什麼傻話，內心的戰爭就會馬上開始。捶胸頓足、拍打棉被，不停抱怨和後悔那個輕率的自己。

討厭自己的人對於自己犯下的錯誤簡直發揮出天才般的記憶力，他們可以完美地記住很久之前的錯誤，甚至可以馬上詳細說出數十年前是怎樣犯錯的。當然他們也清楚記得小時候自己犯錯或做出不好的行為後，被大人挨罵時感受到的情感類別和強度，那時老師、父母或朋友們的表情也深深烙印在腦中。卓越的記憶力居然用在這種事上，實在非常可憐。他們一輩子都不會忘記自己犯的錯誤，直到死之前都會牢牢記住。

為什麼我們會如此執著自己的錯誤呢？最初的意圖是很善良的，我們是為了減少出錯，為了阻止自己做出不守規矩的行為。就像父母擔心兒女那樣，他們會對自己不停地嘮叨，告誡自己絕對不可以再次犯下相同的錯誤。

❷ 貶低自我的成就

有些人會只貶低自己的成就。當我們成功完成某個案子，或通過努力學習考到好成績之後，本應該幫自己拍手鼓掌，但是這些人卻說：「我還有許多不足，之後要做的事情還非常多。」

這就是認為自己還不夠努力的無情評價，但他們對別人不會這樣，他們會欣喜地稱讚和支持別人，只有對自己付出的努力和獲得的成就一再貶低。他們往往認為自己還不夠努力，成就也很一般，反覆地說自己還沒有休息一下的資格。

❸ 與人比較後產生的自卑感

越是看不起自己的人，往往越積極地跟他人比較，問題在於他們是跟以世俗角度來看比自己優等的人比較。如果跟住豪宅、開名車的人比較，當然會覺得自己擁有的所有東西都極為簡陋。許多人把朋友的對象跟自己的對象比較，覺得自己遇到的愛情很廉價。這樣的比較只會帶來痛苦，鏡子中的自己也會越來越不堪。

「我」這個存在真的很奇怪。「我」喜歡無時無刻與他人比較，然後讓自己過得很悲慘。

許多人是在無意識中跟他人比較，這種比較是一種本能，而且發生的時候強烈快速，根本無法壓抑或停止，也會如同前面所提，批判自己的努力。本質上我們的所有想法都來自物慾，想要擁有更多正是世俗角度的慾望表現。

這些人認為唯有跟擁有許多東西的人比較，並讓自己看起來很不足，才能夠咬緊牙關，繼續工作。唯有認定一直以來付出的努力沒有價值或遠遠不夠，才能夠讓自己產生更加奮發圖強的動力。這些人認為如果對自己說「做到這樣就可以了」或「現在這樣可以了」的話語，會讓自己安於現狀，所以才需要不停地對自己進行殘酷的打擊。

❹ 乞求他人的認同

討厭自己的人渴望他人的認同，就像剛出生的動物尋求母乳那樣強烈，這些人總是乞求周圍的人的同意。如果有人認同自己的想法，就會產生力量；如果沒有，就會陷入無比的失望。他人的同意成為自己的精神支柱或指明燈。明明只要自己評價和決定「我的想法是正確的」，事情就會變得很簡單，但是不相信自己的人是沒有這種能力的。

過度期待別人的同意，也是自我信任相當脆弱的證據。因為他們認為自己不夠聰明，判斷力也很差，相反地，身邊的人看起來都很聰明厲害，判斷力也很卓越。

❺ 隱藏情緒

自我否定的人連自己的情緒也會否定，他們會把負面的情緒隱藏起來。即使生氣了，也不會表現出來，掩藏得很好。然而，否定自己生氣的態度會讓心生病，有時長久被壓抑住的怒火會在一瞬間爆發出來，還會導致關係破裂。

隱藏和否定情緒的理由是自認為那些情緒是「錯誤」的。如果小時候被剝奪表現情緒的機會或自由，或是一顯露出情緒就被責罵的人，常常會具備這種傾向。一旦自己生氣、感覺厭惡或煩躁，因為認為這些情緒不正確，就會先自我否定。他們認為如果感覺到這些情緒是因為自己「扭曲的心靈」造成的，因此一定要咬緊牙關隱藏起來，不讓他人發現這些錯誤的情緒，但是這樣做只會讓自己變得不幸。

隱藏負面情緒的人相當懼怕自己會被拋棄，他們認為如果自己發脾氣或反駁他人意見，對方會因此失望，甚至會不理睬自己。因為這種虛無飄渺的恐懼，使得他們狠狠壓抑自己的情緒。但是沒有哪種情緒能被永遠地隱藏起來，將來有一天總會通過某種方式爆發出來。

我不是自己的敵人

我們偶爾會覺得自己的內在如同猛獸般凶殘無情。比起職場主管不當壓迫自己的責備聲，我們的批判聲更加折磨自己，我們會想要大聲呼喊：

「最會折磨我的敵人就是我自己。真的太讓人厭煩了！」

這是我們常常聽到的抱怨。聽起來好像沒錯，但是事實並非如此。**其實我們深深愛著自己，只是不知道愛的方法而已**。

有些人深愛著對方，但是不知道該如何表達自己的感情；也有些人不知道如何經營關係和讓愛持續的方法，就算是結婚很久的夫妻，也愛得很辛苦。

愛自己也是如此。自卑感、自我批判和自我無視等許多行為都是「愛自己」的扭曲表達。我們自我折磨的樣子，就像真心希望自己過得幸福，但卻指責和打壓自己的媽媽。

長大成人之後，我們不是認為這樣的媽媽不對，反而是理解了媽媽的行為。因此，現在對自己殘酷的自己也是可以被理解的。我們不是虎視眈眈、想咬死自己的猛獸，而是希望自己幸福的最重要的朋友。如果能夠這樣想，就會慢慢緩解自己對自己的糾結。

Self Talk

「我討厭我自己。我很無能，像個傻瓜。我照鏡子的時候，常常羞愧到不行。」
「那我呢？我是讓你沒面子的朋友嗎？」
「不，完全不是。你很有能力，而且很聰明。」
「其實我也常常認為自己是很沒用的人，而且我也很羨慕你。在我看來，你相當聰明，而且能力超強。」
「不要說客套話。你怎可能羨慕我這種人？」
「真的。聽說人都會把別人看得很厲害，看起來都像偉人，比起來，覺得自己很卑微。我也常常這樣。」
「我沒想到你也會這樣。」
「我可以把自己想成跟周圍的人一樣聰明、一樣重要、一樣帥氣嗎？我想每個人都不同，但各自都有厲害之處，因此，我們沒有理由覺得自己丟人。」

08 我不是容易受傷，只是太敏感了

原本是一個心情不錯的上午，直到部長對我大發雷霆。我並沒有做錯事情，因此才會更加火大。直到下午，我的心情還是沒有變好。下班約會、搭捷運回家時，我都持續鬱悶著。如果部長沒有對我那樣說話就好了，我今天原本可以是幸福的一天。

幸福的一天就這樣被奪走了。因為「部長」是強者，絕對的強者，他不過發脾氣十秒左右，就可以讓「我」一天的幸福就這樣飛走了；而「我」是絕對的弱者，我被無禮的話支配了。那個人不過是動動舌頭，說幾句話而已，我就這樣交出了一天的幸福。這樣一比較，我覺得太不公平了，因為我的損失未免太大了，於是我更加鬱悶了。我要怎麼辦才好呢？

最完美的方法是搭乘時光機器回到部長發脾氣之前。我可以逃離現場，或是摀住自己的耳朵，或堵住對方的嘴巴。但是回到過去的時間旅行是不存在的。

那我在未來能做什麼呢？明天去找部長抗議嗎？跟部長說因為你昨天亂發脾氣害我一整天心情極差嗎？然後說你奪走了我的幸福，必須負責任嗎？或許部長會一句話也說不出來。因為他根本不記得自己說過哪些話了。部長可能啞口無言，心想：「這人是不是有什麼精神問題？」

不論我們願不願意，只要我們還活著，就會遇到各種人。其中有些人會破壞我們的心情，我們還對此束手無策。每次遇到這種事情，真的不知道該怎麼辦才好。即使想著有機會的話，要鄭重地明確地跟對方抗議，但其實這並非易事。特別是在職場上，如果採取這種態度，可能會帶來其他風險，因此大多數人會選擇獨自消化這些不愉快的情緒，或頂多跟身邊親近的人倒倒苦水。

因他人一句話而受傷，是我的錯嗎？

因為他人一句話就感到受傷和心情不好，是自己巨大的損失。為了避免這種損失，我們要先分析原因。

首先是常見的原因說明法，可能會解釋成「因為自尊心過低才會受傷」。想像一下，一個從小經常感覺自己很不幸的孩子。這個孩子即使犯的錯很小，還是會被狠狠挨罵和嚴厲責備。常常因為沒什麼大不了的事情，所有愉悅和幸福感統統被奪走了。這種情況反覆發生之後，就會使孩子養成認為自己不幸的習慣，動不動就會覺得自己很不幸。由於經歷過無數次的責備，所以內心的防禦能力變弱，也就更加容易受傷。

而且這種孩子也不懂得如何治療內心，因為他從來沒有那樣做過。過去沒有人全力地支持和幫助自己，自己也不懂得如何支持自己，結果使得心靈創傷持續惡化和腐爛。

「我很容易被別人影響心情。」這句話也可以視為：

「我習慣負面思考。」

「我不知道怎樣安慰不幸的我。」

「自尊心太低才會受傷」這個說法雖然有一定的道理，但這種解釋本身是有問題的。

這種解釋會讓受過傷的受害者內心再次受傷。這句話像是在說「容易受傷的人是有問題的」，好比把車禍責任推到受害者的身上。如果連受害者本身也這樣想，那只會讓自尊心加速變低。

兩成的人類是高敏感人

另一種說法則可以給容易受傷的人帶來正面感：「因為你的內在個性溫和及情感細膩，所以才容易受傷。」美國心理學家亞瑟．阿倫（Arthur Aron）通過功能性磁振造影（fMRI）掃描人類腦部後，認為「全球百分之二十的人類擁有敏感的大腦」。面對微小的刺激，具有「敏感性大腦」的人也會做出敏感的反應，也就是說，容易受傷是遺傳性的特質，天生如此。這百分之二十的人是有問題和劣等的人嗎？當然不是。非常敏感的人，代表也是情感豐富的人。

亞瑟．阿倫在發表研究結果的同時，是這樣說明的：

你會為了幫助不幸的人奮勇跳出來嗎？看到傷心的電影場面時，你會哭嗎？你會轉發讓自己感到興奮或感動的事件或照片嗎？如果你會，你就屬於那二十％天生擅長產生共感的人。

如果容易因為他人言行而內心受傷，也是共感能力很強的證明。亦即，遇到傷心的事情時，有能力感到感傷；做開心的事情時，有能力感到巨大的喜悅；看到過得辛苦的人，會產生想要幫助對方的想法，這是高敏感人的特徵和能力。敏感的人並不劣等，反而比一般人更具備同理心，感性程度也很高。

具備敏感性大腦的人在藝術方面的直覺相當卓越。閱讀到一句詩，內心深處會被打動；看到美麗的畫作，也能用不同的視角去鑑賞；觀賞電影時看到某句臺詞，也容易深有感觸，他們的美學能力極為卓越。

你會因為他人一句無心之語很容易就受傷嗎？你明明為此感到痛苦，但就是很難改變自己嗎？那你可能是這百分之二十的擁有敏感性大腦的其中一位，也就是具備超強共感和藝術直覺能力的擁有者。擁有這樣優越的大腦是上天賜與的巨大祝福，只是代價是內心容易受傷。

如果能這樣想，今天受到的傷痛就能夠得到一些安慰，可以自豪地對自己說：「是的，我很容易受傷。因為我是個性溫和及情感細膩的人。」

當然即使如此，受傷還是會痛的。最好是不受傷，但如果做不到，至少讓那個傷痛降到最低。有沒有什麼方法呢？要怎樣做才能夠保護特別容易因他人的言行而受傷的細膩心靈呢？

不論古今中外，許多人都在探討這個問題。綜合國外專家們的建議，這時的心靈最需要的是傲慢或自豪感。讓我們狂妄自大起來吧，對外宣佈「這些微不足道的刺激根本傷害不了我。」

只有我自己能夠讓自己感到挫折。

我很重要。我捨不得自己受傷。

我的心裡有防彈玻璃。低級的攻擊是傷害不了我的。

世界上有許多低劣的事情。無禮的行動、粗魯的言語等都是低級的攻擊。如果因為這種水平的事情而受傷，就太不值得了。如果你會因為這類事情影響情緒而受傷，最好無限擴大自豪感來武裝自己。這種時候，你要多傲慢都可以。

下面通過五個階段介紹「不會因為一句話受傷」的方法：

❶ 承認自己內心受傷的事實

如果你因為他人簡短一句話而終日陷入不幸情緒中，重新客觀地思考這件事情。你就會發現很荒唐，自己因為幾個音節居然好幾個小時痛苦不已，這實在是太不合理，也太過詭異了。當你發現其中的不合理性之後，就會產生想要擺脫這種情況的想法，也會想要變回事情尚未發生前的「心情愉悅的自己」。

❷ 不要評價對方

你越去想「他到底為什麼會那樣做？」，就會陷入更深的泥沼。當然，只要對方不是精神病患或惡棍，會說出那樣的話當然有其原因，然而越是追究原因，只會讓你越痛苦。

即使你再認真思考，也不可能得出答案，只是持續著折磨自己的心靈而已。

❸ 如果對方平時就是「水準以下態度」的人，應對方法要完全不同

忘記他的無禮態度就好，並澈底地無視那個人。自己的心情才是最重要的，別因為他讓自己不愉快。笑笑地讓事情過去，才是對你有益的做法。

❹ 要相信心靈會受傷是源於自己的長處

你是因為比其他人更加感性，才會發生這種事情。這已經在科學上獲得證明。

❺ 對自己發誓：「我捨不得讓自己受傷。」

或者說「因為那種事情就就破壞了我珍貴的心情和一天，實在太可笑了。」「我為什麼要因為那句話讓自己的一天變得不幸呢？」這些話語可以讓你在面對無禮的人時，保護自己的心靈。

Self Talk

「還記得早上主管在群組裡說的話嗎？真的讓人非常不爽。」

「是呀，真的是很奇怪。你因為這件事情，到現在還心情不好吧？」

「嗯，我整天都很煩躁。」

「當然會這樣。我完全可以理解。但如果可以的話，就讓這事情過去吧。其實這也很傷自尊心。」

「你說什麼？」

「你想像一下，如果突然有人闖進你家，砸壞了家具，你會怎樣做？一定是把他趕出去或是報警吧。心也是如此。你不可以讓別人隨意闖進來你的心，隨意擾亂。你的心是非常重要的。不論是誰都不能讓你不幸。你絕對不能允許。」

09 我比自己記得的更加幸福

「九歲的時候，家人一起去江陵旅行。我在路上摔倒了，膝蓋受了很嚴重的傷，媽媽卻只是責備我為什麼要用跑的。那時候，我非常怨恨媽媽。十二歲的時候，因為我說討厭讀書，媽媽邊發脾氣邊抓起課本丟向我。媽媽，妳還記得嗎？我當時非常害怕媽媽，也很討厭媽媽。高考之前，我的成績一落千丈，媽媽看著灰心喪氣的我問道：『你為什麼不努力學習呢？』我看起來像是不努力嗎？我原本就很鬱悶了，為什麼不能夠給我點安慰呢？媽媽為什麼只給我帶來傷痛呢？」

我和媽媽吵著吵著，忍不住把過去的事情一口氣說了出來，那些痛苦的記憶們仍然栩栩如生。等我情緒稍微平穩之後，雖然對媽媽感到抱歉，但是憂鬱的情緒並沒有消失。為什麼我會這麼不幸呢？

這個女兒在小時候一定因為媽媽的言行受到極大的創傷，證據就是她清清楚楚地記著事件的詳細內容。但是媽媽受到的傷痛也不比女兒少，不是因為女兒跟自己抱怨過去的事情而痛苦，而是因為自己竟然給最愛的女兒帶來洗刷不去的痛苦而悲痛不已。

即使她小時候有許多痛苦回憶，但是也不能因此就斷言她整個人生很不幸。當然也不能說媽媽是無情的壞媽媽。那是因為記憶是不公平的。不幸的記憶特別容易被誇大。隨著時間流逝，不幸的、傷心的、壞的事情會在記憶中被無限誇大。因此，媽媽和女兒相當有可能記憶著比事實更不幸的過去。

大腦更喜歡壞事

「壞比好更強大。」這是美國佛羅里達州立大學的社會心理學教授羅伊・鮑梅斯特（Roy F. Baumeister）在二〇〇一年發表的論文標題，當時引起許多話題。他說明比起好事情，更長久記住壞事情的傾向是人類的本性。

這句話並不難產生共鳴。我自己也是更加清楚地記住不好的事情，因為比起好事，壞事對自己的衝擊更大，就像小孩子遺失重要的玩具時，以為失去了全世界。被最親近的朋友背叛、在許多人面前犯下荒唐的錯誤等這些經驗，也是難以忘懷的衝擊。父母對孩子又打又罵，使孩子驚嚇不已，這種做法對孩子來說就跟生命受到威脅沒兩樣。不好的事情就像刻在樹木上的文字般鮮明，而好的事情因為衝擊力較低，所以很難被記住。

我們來比較一下具體事例。假設得到十萬元和遺失十萬元兩件事情，哪一邊會被更清楚地記得呢？當然是後者了，得到十萬元或賺到十萬元的記憶被遺忘的機率相當高。如果是被朋友稱讚和被朋友責備呢？被罵會被更久、更強烈地記著。遇到好人和遇到壞人的經驗中，也是後者的不愉快回憶壓倒性地被長久記住。

被父母愛的記憶和被父母罵的記憶也是如此。被愛的記憶是模模糊糊，但被罵的記憶卻是銘記在心。前述那位對媽媽大聲說出滿腔怨言的女兒也是如此。當她跟媽媽說出抱怨時，這位傷心女兒的大腦其實並不公正，因為大腦偏愛壞事。

這世上不存在只給兒女帶來傷痛的媽媽。媽媽一定也做許多美好的事情。做美味的食物給孩子吃，幫孩子穿上美麗的衣服，當孩子身體不舒服時熬夜陪在身邊。一定也曾說出許多鼓舞孩子的話。但是女兒的記憶中主要都是不好的事情，好的事情都被刪除了。因此，女兒才會覺得自己過著不幸的人生，而媽媽則自責自己是個壞媽媽。

如果忘記美好的、值得感恩的回憶，總是執著於傷心的回憶，其實是自己遭受損失，很容易認為自己被差別待遇。

「你的人生比你想的更加幸福。」

你比你記得的更加幸福。你的父母比你記得的更加溫柔。你的大腦改編了過去。只有不被這些記憶欺騙的時候，才能夠看到真相。

不幸的人生是幻想

對於戀人的回憶也是如此。我們基本上更清楚記得戀人提出分手時說的話，對戀人忘記自己的生日或不懂自己的心等這些事記得更鮮明。比起戀人溫柔多情的眼神，我們記得更久的是他們冷淡無情的眼神。

因為大腦更能記住不好的事情，所以人類往往對過去的評價偏低，加上社會普遍認為要對過去的經驗進行反省和懺悔才是美德。假設一對男女交往一年多，談分手時，男方可能說出以下兩句話之一：

A.「我現在對許多事情感到後悔和抱歉。我想成為你最棒的男朋友，但還是有許多地方不足。」

B.「雖然我有很多不足，但是我對你非常好。我應該算是還不錯的男朋友。」

大多數人會像A那樣說話。如果有人像B那樣說，我們可能會覺得這人很不要臉。A的話語中透露出的懺悔和低頭的態度，被認為是極度正常的行為。

不只是戀人，父母也要懂得後悔才是好父母，大家才會覺得是「有父母樣的父母」。

C.「身為父母，我想要給予你更多，但能力不足。對不起。」

D.「我們已經盡力了。我們也想被視為好父母。感激我們吧。」

如何？D的表達是不是覺得哪裡怪怪的？因為大多數父母會像C那樣說話。像D那樣會被認為是奇怪的父母。但事實上，D說的話比較健康，而且子女回想起符合這句話的回憶的可能性也比較高。只是我們的社會比起「理直氣壯」的D父母，反而認為「鬱鬱寡歡」的C父母是更好的父母。

學校或職場生活也是如此。我們比起個人擅長的事情，更容易想起犯下的錯誤。我們回顧時，總是心想如果那時候做得更好的話、那時候更發揮實力的話，該有多好。但這些都是扭曲記憶的結果。我們的大腦更喜歡回想傷心、辛苦、後悔的事情，就像個熱愛無病呻吟的人。

在這裡，我們可以得出一個正面的結論。那就是**你的人生比你記得的，做過更多很棒的事情**。你的人生比你記得的更加溫暖幸福，你的朋友比你記得的更喜歡你，你交往過的戀人被你感動的次數比被你傷害的多更多，你的父母比你記憶中帶來的傷心痛苦，帶給你的喜悅更多。

大腦也會改編今天的記憶

大腦不只是扭曲過去的記憶。回顧今天你也會發現大腦是多麼偏愛不好的事情。

「今天過得如何？」

「早上起床狀態還不錯，考試考得順利，跟朋友見面也很愉快，但剛剛有人把咖啡潑在我的衣服上。真是倒霉的一天。」

這是大腦扭曲現實引起的想法，心理學上稱之為「心理過濾」，意指大腦篩選掉正面的事情，丟到垃圾桶，眼睛只停留在負面的事物上。起床狀態好、考試考得好、跟朋友愉快玩樂等記憶被認為是沒有意義的事情，而不小心被弄髒衣服的事情卻被無限放大。即使今天的好事情佔了九十九％，壞事情只有一％，大腦也會只關注那一％，然後將其他的統統過濾掉。

即使沒有人教，我們也能直覺感受到這個事實，也就是「人類容易忘記好事」，因此我們才會把拍下快樂瞬間的照片好好保管在相本內，並時常拿出來看，或是努力在社群媒體上留下幸福的證據。人類本能上知道只有積極地留下正面事情的證據，才能夠讓自己牢牢記住，因此可以說使用社群媒體紀錄生活，是和偏愛不幸的大腦的一場爭奪戰。

把焦點放在幸福上

如果想要得到幸福，就需要努力把焦點放在正面的事情上。或許有人會認為這根本是老掉牙的教誨。保守的即得利益者會對青少年說：「不要看不好的地方，要看好的地方」或「找出和感謝人生正面的事」，這種建言也是老生常談了，但這種說法雖然老套，卻並不都是虛話，至少某一部分是真實的。

圍繞「我」的外面世界確實有問題，也有其否定的一面。尖銳地發現並批判這些事物是必要的思考模式，特別是身處在社會生活，更需要如此。可是，每個人的人生領域有點不同。我們的大腦太容易刪除幸福回憶了，因此回頭看時，常常很大機率會覺得自己的人生充滿不幸。於是，我們成為「有著不幸人生的我」或「不幸的存在」，甚至感覺每天都過得不幸福和倒霉。

因為大腦喜歡不幸，所以人生就會慢慢變得憂鬱。大腦是不公平的，因此我們必須有意識地集中注意力在幸福上才公平。練習找出今天發生的正面事情，把意識的焦點放在那些事情上面。為了我們的幸福，當然得做出適當的努力。

回想過去的時候，我們感覺自己不成熟到難以形容，這很大機率也是大腦在作祟。我們沒有比自己想的不幸。我們也沒有比像自己想的做過那樣多傻事。**我們是比自己認為的更好的孩子、更棒的戀人、更不錯的父母**。我們要以堂堂正正的姿態，擁護自己和為自己辯護時不要猶豫，才有可能讓我們過上愛上自己的人生。

Self Talk

「我小時候真的很不幸，常常想起自己傷心痛哭的場面。我遇過許多痛苦可怕的事情，用十隻手指頭都不夠數。」

「原來如此。你過得很辛苦。不過你好像更常記得不幸的事情，是嗎？」

「不是，我真的很常犯錯。」

「你應該也做過許多很棒的事情吧，像是值得父母自豪的事情。」

「不可能。我常常被責罵。」

「父母一定對你付出許多愛，只是你不記得而已。」

「不，你不了解我才會那樣說。我的人生充滿不幸。」

「是嗎？或許真的是那樣。但是你是比你想的更好的人。不要被腦中的話語騙了。你的記憶對你說謊了。你是擁有幸福資格的人，是值得被愛的人。」

10 被過度斥責的孩子

爸爸責備我，因為他發現我說了謊。爸爸認為說謊是極為糟糕的行為，所以他非常生氣，還威脅說因為我犯了大錯，所以必須接受處罰。爸爸手上拿著棍子，我淚流滿面、渾身發抖。說不定我會從此從這個世界消失。我完蛋了。太可怕了。

即使是廣受好評、行為正派的人，在其內心深處也討厭自己的某個部分。為什麼我們會無法認同自己、討厭自己呢？原因大多是失業、貧窮、罪惡感、心理創傷等。韓國人討厭自己的原因，大多集中在以下三個：被責備的經驗、不好的學業成績、因外表被挖苦的經驗。反過來說，只要能夠克服這三個問題，我們就能走到愛自己的路上。

上述例子是兒童被父母責備時的情緒表達。在那個當下，孩子內心感受到的是比任何恐怖電影還極度可怕的事情，因為孩子會感覺自己好像要從這個世界上消失了，他看不到逃出去的路，而發脾氣大聲斥喝的父母卻認為自己的「威脅」只是剛剛好。孩子被父母憤怒的聲音完全囚禁了。孩子做錯事情，當然需要適當的教育，但處罰太超過時，就會產生副作用。

被過分「斥責」的孩子，會忘記自我

美國心理學家羅伯特．費爾斯頓（Robert Firestone）在著作《鴕鳥心理：為何我們總是害怕與逃避》（*Conquer Your Critical Inner Voice*）提到，當孩子被父母過份責備後，會產生想要忘記自己的心理。因為這是從極端痛苦和恐怖中逃出的唯一方法。

孩子會逃離自己，然後站在父母的立場討厭自己。把父母說過的話，再次說給自己聽。

「我做了壞事，理所當然應該被處罰。」也就是說，兒童通過被責備的過程練習討厭自己，有許多人因為嚴格的訓練不停地養成自我厭惡的習慣。一旦養成常常責罵自己、討厭自己的習慣，即使到了成人後也很難糾正。

但我並不是要大家放棄，還是有方法的。關鍵其實在於自己有沒有覺悟到「我習慣性責罵自己」，如果明確意識到這一點，有空的時候就可以跟自己說：

「不要常常責備這樣可愛的我。」

「這不是大錯。你要原諒自己。」

有人即使只是閱讀以上兩句話，內心也能夠變得平靜。可見自己對自己是多麼殘酷無情。

韓國人討厭自己的另一個原因是學業成績。學習不好的人會認為自己見不得人，但其實很會讀書的人是極少數，絕大多數人只能到達普通水準，甚至更差一點。絕大多數的學生因為成績討厭自己，這是多麼可悲的事實。

大叔流浪漢遇到可怕的殭屍。為了活下去，他躲進火車的廁所內。乘務員敲了廁所門，流浪漢打開門後，與面前的乘務員和乘客們面面相覷。

一名乘客看著流浪漢，對旁邊的小女孩說：「小朋友，妳如果不認真讀書，將來就會變成那樣。」

這是電影《屍速列車》（*Train To Busan*）裡的某個情節，說出「如果不讀書，就會變成那樣」的人是為了自己的生存可以犧牲別人的膽小無情的角色。看起來好像是在刻畫這種人缺乏對人類的尊重之心，但其實這句臺詞在我們的學生時期常常聽到。後來長大之後，才知道這句話和「真實」的距離有多遙遠。因為我們發現比起學生時期的成績，有更多因素導致我們成功或失敗。

不會讀書，人生就會完蛋的「恐嚇」

小時候最傷害自尊的事件之一，就是成績。上國中之後，九成九的學生就會領悟到「我不可能考到第一名」這個事實。等上高中之後，就會更加明白這個道理。不是每個人努力學習，就可以考到第一名。因為第一名只有一個人而已。即使有一百個人很努力了，也不可能一百個人都變成全校第一名，因此我們必須沉痛地接受除了名列前茅的少數，大多數人都是「不太會讀書的學生」這個事實。孩子們的自尊心就是這樣被傷害了，他們會認為自己是不值得被愛的存在，進而慢慢地養成討厭自己的習慣。

不過，當孩子們慢慢長大後，就會發現「不會學習」不等於人生失敗。人生道路有無限種可能，不能只用成功和失敗來區分。在這兩者之間存在各種可能，賺很多錢和充滿笑聲的人生、賺很多錢但不幸的人生、賺很多錢但無聊的人生、收入少但幸福的人生等等……這個世界上存在各式各樣類型的人生。很會學習的A，很不會學習的B，根本沒有知道他們未來會是怎樣的人生。

在這個看重學歷的不公平社會上，不可能說學校成績對人生發展沒有絲毫影響。但即使沒有進入少數的上位圈，人生大道也不會因此被阻礙。比起在高考中考到滿分，更重要的是養成安慰和愛惜現在的自己的好習慣。

把外表跟模特兒比較的「羞愧感」

洗完澡，我站在鏡子前檢視自己的身材。手臂粗大，腿也很短，小腹突出，肌肉鬆弛——總之，看起來很醜。臉又長得怎樣呢？鼻梁塌，眼睛小，滿臉雀斑。這樣的臉當然不可能是完美臉蛋。我太過羞愧，忍不住嘆了口氣。我好想讓鏡子消失。

為什麼人們會對自己的外貌感到羞愧呢？因為自己覺得不美麗。美麗的基準又是什麼呢？難道法律上有規定某種特定體型或臉型才是正常，其他都是難看和不正常嗎？那到底美麗的基準從何而來呢？事實上，通常是來自雜誌、電影和電視。在鏡子前，人們把自己跟媒體上看到的帥氣模特、美麗演員相提並論，才會不斷地產生羞愧之心。

我們站在鏡子面前時，會同時出現兩個形象。首先是自己的身材反映在鏡子裡，同時腦中會浮現藝人們的身材，然後自己就會忍不住做比較，這可以視為輕度精神疾病現象。平凡人跟超級名模比較身材是極為荒唐的行為。然而這種傾向卻常常出現在媒體發達的國家。人們會習慣性認為出現在雜誌、電視、網路上的藝人們是正常的，而平凡的自己則是不正常的，因此再次對自己洗腦要對自己的身材感到羞愧。

人們不只是貶低自己的外貌。面對他人時，也會暗地裡或露骨地評價外表和分等級，例如會對不如明星漂亮的人說：「你根本沒有值得被愛的地方。」

如果你已經產生外表自卑情結，建議你在把自己跟藝人們的外表比較前，先做其他練習。練習看著鏡子，找出自己的魅力。你說你一點魅力都沒有嗎？那是不可能的。每個人身上都有美麗的部分，至少找出其中一個，然後說給自己聽。明天、後天，直到練習滿一週之後，你就會從不同角度發現自己的可愛。

「我不是胖子。我就像巴洛克時代的女性那樣豐滿。」

「我的鼻梁不是低。它不尖銳，圓圓的，非常可愛。」

「我不知道自己是不是美女，但我的五官很協調。」

「不論我的外表如何，我就是給人很可愛的感覺。」

社會的基準和評價不重要。其實只要我們不那樣想自己的話，不管什麼都不可能貶低我們的價值。就像認為自己所養的狗是全世界最可愛的一樣，根本不需要他人的同意。如果你相信自己很可愛，即使被他人開玩笑，也會笑笑就過去了。

國外心理治療師認為一天兩次、持續一週做這種訓練，心理狀態就會越來越好，幸福感知能力也會慢慢恢復。

你可能會想問，通過自我催眠真的可以讓我們愛自己嗎？你不去試試看的話，是永遠不會知道的。我想強調的是，這絕對是再正確不過的努力方向。

Self Talk

「我今天被嘲笑很矮。」

「誰那樣說了？會說那種話的人是無禮之人。你不用放在心上。」

「之前他還嘲笑我讀的是鄉下的三流大學。」

「那種人還真是不值得來往。」

「但他並沒有說錯。如果沒有一流大學的學歷，之後我會很難找工作，也很難賺大錢。」

「有些職業是不看學校出身的。學歷只是其中一項考量因素，人生也不會因此完蛋。」

「其實我最近很不安。我擔心自己會一輩子過得貧窮和不幸。」

「那不是真的。而且窮又如何呢？住在豪宅內就保證幸福嗎？人生充滿不確定性，沒有人會知道未來的人生如何，但未來之路已經向你打開了。你首先要讓現在的自己幸福，未來不可知，至少現在當下要幸福。現在的幸福，會讓你未來成為幸福的富翁。」

第三章

對常常受挫的我說

加油的話語

11 世界不太關心我

我是國王，我穿上了最華麗的衣服，在百姓們的視線下遊行。一個孩子咯咯地邊笑邊喊：「國王沒有穿衣服！」這是多麼丟人現眼的事情呀，還不如讓我死了算了。我怎麼會陷入這種窘境呢？這件神奇的衣服不是只有聰明的人才看得見，其他人都看不見嗎？可是，我也看不見。

「我是傻瓜嗎？我沒有當國王的資格嗎？」

實在太混亂了。於是，我做了一個決定。我要假裝自己看得到這件衣服。

我們當眾出醜時，就會出現奇怪的體驗，我們會突然覺得時間停止了，四周一片安靜，所有人都在看著自己。《國王的新衣》中的國王心情應該也是如此，他害怕自己被認為是不夠聰明和不夠格的國王，所以才會選擇裸體在大街上大搖大擺地遊行。誘導他做出這種行為的是兩個錯覺。

第一個是過度誇大弱點被發現後產生的後果，才釀成了這個錯誤。國王十分確信如果被他人知道自己的弱點，就會遭受到致命的傷害。如果國王誠實地說自己也看不見衣服，會發生什麼事呢？臣下們會在內心嘲笑他，流言蜚語也會傳到百姓之中，百姓們也會嘲笑他是一個傻瓜國王。然而，這個情況其實不至於發展到很過分的程度，百姓和臣下頂多在內心嘲笑，根本不敢當著國王的面，展露出任何嘲弄表情。即使國王直接承認自己看不見衣服，也不會因此失去王位，頂多是減少些威嚴而已。遭受這種小損失也在合理範圍之內。

恐懼會招來謊言

這位大白天裸體走在大街上的國王，他的傻瓜行為背後隱藏著巨大恐懼。國王因為太過害怕，才會做出這種失去理性思考的行為。

每個人心中都住著一位「裸體的國王」。每個平凡人都害怕自己的弱點被他人發現，恐懼地活著，過於恐懼時，甚至會認為自己的弱點被發現後就會完蛋，所以總是做出非理性的行為，其中一個行為就是說謊。為了隱藏自己的無知或無能，就用謊言幫自己辯解，極力否認自己的心靈脆弱和經常感到恐懼的事實。情況越來越嚴重之後，自然就養成了說謊習慣，例如編造根本不存在的事情或盡可能誇大一件小事，讓自己變成一個沒有弱點的人。

過度消費也是為了隱藏自己弱點的扭曲行為之一。不論是誰，內心深處多少都有經濟壓力。為了不讓他人看出自己有這種不安，就通過昂貴的衣服和首飾來裝扮自己，也會去吃昂貴的食物，然後把照片上傳到社群媒體上。他們相信這樣就不會有人發現自己的貧乏和金錢困惱了。

裸體的國王如果沒有去想像極端糟糕的後果，而是認為即使被大家知道自己看不見也沒關係，就不會做出裸體遊行這種非理性的行為了。當恐懼感減少了，不合理的行為也會隨之減少。

被看到也沒關係，因為根本沒人在乎

如果不在乎被他人知道自己的缺點或不足，那說謊和奢侈消費等累人行為也就沒有理由繼續了。裸體的國王或我們都需要「被發現也沒關係」的想法，我們要先放下「弱點一旦被他人發現就會馬上完蛋」的妄想，反過來問自己：「這種小事情被別人知道了，會怎樣嗎？」緊張感就會漸漸消失，內心也會慢慢恢復平靜，心靈就能獲得解放。「被發現也沒關係」這種大方灑脫的想法，是給自己的禮物。

如果「誇大自身弱點被發現產生的嚴重後果」是國王的第一個錯覺，那第二個錯覺就是確信「每個人都在關注我」。國王誤以為世界上所有人都在凝視著自己，因此他才會害怕所有人都發現自己是一個傻瓜。但是，事實上人們根本不太關心別人，每個人都在忙著處理自己的問題，實在沒有餘力給予周圍的人許多且持續的關心。即使對方是國王，也是如此。唯有國王本人對「大家無時無刻都在觀察自己」深信不疑。

職涯教練美樂蒂・懷爾汀（Melody Wilding）說：

我們具有極端誇大自己缺點的傾向。也就是說，我們假設其他人會用顯微鏡認真觀察自己的錯誤和大大小小的過失。

人們知道自己犯下了錯誤，而且也清楚知道自己產生羞愧感和不安感的情緒。可是，其他人是局外人，他們只能猜測「他可能犯錯了」或「她好像有點不安」，並不能完全確定。但我們會誤以為他人像自己一樣，鉅細靡遺地知道自己的問題。我們認為他人會拿著顯微鏡看待自己的錯誤，因此我們才會過度誇大自己的行為，並牢記在心。

如果像國王那樣極端地誇大並嚴肅地看待自己的弱點或缺點，自然會對他人的反應相當敏感，也因為這樣，才會覺得弱點被發現之後，天就會塌下來。因而我們不得不拼命地否認這些弱點的存在，或是繃緊神經否認事實和發脾氣。

事實上，**世人對「我」並不太關心**。即使我們身上有一些缺點，人們也不會長久地關注，而且很快就會忘記。這樣想的話，可以讓我們心靈得到解脫，是很棒的禮物。我們可以更加寬容地看待有缺點這個事實，不需要費盡心思去隱藏。

如果把人們對他人並不太關心這個事實做為一個前提，那我們的不足和脆弱被發現的機率就更低了。我們的經濟能力好不好，他們根本不知道，也不想知道。因此，我們沒有必要特意隱藏或通過虛榮的表現來偽裝自己。我們的弱點是不太容易被發現的，所以可以安心生活和輕鬆地面對。

因為纖細且聰明，才會感到膽怯

害怕弱點或缺點被發現的人，並不是劣等或弱小的存在。雖然越是細心和聰明的人越會隱藏自己的弱點，但也有其積極的一面。

某位有名的作家在電視節目上說過：「當我在節目上大放厥詞，回家後都會非常難熬。」

敏感和知性水準越高的人越常有這種想法，他們會反覆回想在他人面前說過的話，挑出錯誤的部分，然後感到極為慌亂和後悔，還會花上好幾天自責自己是傻瓜。

這種錯覺相當於裸體國王的錯覺。

你能完完全全記住三天前跟某人說過的話嗎？對方對你說過的話，你也能絲毫不差地記住嗎？

觀眾對那位作家說過的話根本不太在意，他人說過的話只是暫時放在腦中而已，不久之後就會忘記。即使是印象深刻的話，大概也只是回想一次，之後也會忘記。我們很容易認為大家會像自己那樣認真且準確地找出話中的錯誤，並根據這個錯誤來評價和記憶自己，但會這樣做的只有自己，在如此忙碌的世界上，大家根本沒有這種閒暇時間。

因此，即使提出輕浮或不合邏輯的主張，被這個世界看破或長久記住的機率很低。即使被發現了，也不會成為問題。越是敏感神經和聰明的人，更加需要對此表現遲鈍。

即使腦中理解了別人對我們不太關心的事實，但是要打從心底接受依然很不容易，要完全消除周圍的人正在凝視自己的感覺，並不是件易事。這種心理很有可能是在幼兒時期無意識下產生的。我們每個人都在全家人的關注下成長，父母會時刻關注孩子任何的微小行為或言語，甚至表情產生變化時也會做出敏感反應。

可是我們長大成人後，在家以外的地方遇見的人並不會這樣。每個人都忙於處理自己的事情，無暇去關心別人。認定有人會費盡心思尋找自己的缺點並加以評價的想法，可以算是一種妄想。我們要習慣自由放鬆的思考模式。你的缺點不會被發現，即使被發現對你來說也不會造成嚴重的後果，根本不需要畏懼被發現。如果你是自然悠哉的行動，在人們的記憶中，比起你的缺點，對於這種堂堂正正的態度想必更印象深刻。

Self Test

02 我是完美主義嗎？

相信世界正時刻凝視自己的人，會使出渾身解數不讓他人看出絲毫破綻。他們會努力讓自己維持完美，他們被稱為「完美主義者」，每個人都擁有這種特質。以下是多位心理學家提供的測試，我從中挑選出適合東亞文化的內容，重新整理如下：

① 我常常對他人的處理能力感到失望。
② 我常常對自己的工作成果感到愧疚。
③ 我常常聽到有人說我標準很高，但我並不覺得。
④ 我認為別人的標準太低了。
⑤ 我擔心失敗後會被別人看不起。
⑥ 為了追求進步，我沒事情做時，就會感到不安。
⑦ 如果有人說我的工作成果只是達到平均值，我會覺得是一種污辱。

⑧ 我認為如果一件事無法完美達成，那還不如不要開始。

⑨ 我常常詢問周圍的人的評價。

⑩ 我一個人獨處時，常常因為「自己應該可以做得更好」而感到後悔。

⑪ 面對重要的事情時，我會先擔心自己無法完美地達成。

⑫ 如果沒洗澡，我絕對不會出門。

⑬ 我會竭盡全力控制我的情緒，因為我想成為完美理性的人。

⑭ 不論是在家或辦公室裡，我總是努力維持乾淨整齊。

⑮ 當我看到比自己聰明和成功的人，會感到自卑。

如果有五題以上同意，那就表示你有強烈的完美主義傾向。這時只要把每個問題反過來進行練習，就可以幫助你擺脫完美主義的枷鎖，走上一條更舒適的道路。

擺脫完美主義的十五個練習：

① 對於他人做的事情，我會先找出其中的優點。

② 我不會貶低自己的工作成果。

③ 回頭檢視自己的標準是不是過高，才導致自己和他人都很累。

④ 每個人定下的標準都是有原因的。我會尊重那些理由。

⑤ 沒有人會嘲笑我。我是值得被尊重的人。

⑥ 休息是為了累積未來前進的能量，是必要的要素。

⑦ 沒有人能夠每次都做到一百分。

⑧ 事有輕重緩急，不必每件事情都非得做得完美才行。

⑨ 我的事情不需要尋求他人的同意，自己的判斷比較重要。

⑩ 已經無法挽回的事情就忘記吧，即使自責也沒有任何幫助。

⑪ 放下「重要事情必須更加努力且完美無缺地達成」的慾望。

⑫ 沒有人特別關注我。我不需要無時無刻保持完美。

⑬ 壓抑情緒是一種自我虐待。

⑭ 即使家裡或辦公室內有點髒，但只要我的內心感覺舒適就沒關係。

⑮ 不要跟他人比較。無論是多有魅力和成功的人，也有不為人知的傷心和痛苦。

12 為什麼會一直想起丟臉的回憶？

在火車上，我的對面坐著一對父子，是一個二十歲多歲的兒子和他的父親。兒子的眼睛一直望向窗外。

兒子表情燦爛地大聲喊道：「爸爸，樹正在往後跑！」

爸爸回答道：「真的耶。好神奇喔。」

這時候，坐在這對父子隔壁的男人滿臉疑惑地看了看這兩個人，因為那位青年說起話來像是五歲小孩似的。

不久之後，那個兒子再次大喊道：「雲朵一直在追我們耶，爸爸！」爸爸這次也用幸福的表情回應。

隔壁的男人真心感到擔憂，於是對那位爸爸說道：「您是不是需要帶他去醫院接受治療呢？」爸爸回說：「其實我們剛從醫院出院。我兒子從出生後就一直看不見，現在他總算可以看見了。」

這是改編自國外流傳的故事。男人原本是出於善意，提供建言給對方，沒想到卻讓對方心靈再次受到傷害，自己則是只看到表面就誤會別人，讓自己陷入難堪的情況。在故事中，男人的善意就像在這對父子的幸福上潑冷水。自己隨便下判斷，並說出失言之語後，男人的內心應該也感到相當難熬。

我們也常常犯下類似的錯誤。不知道事情全貌就亂說話、說出不合時宜的傻話、無意識地說出讓別人受傷的話，我們常常無心說出這些話之後，才感到抱歉或不好意思。

「在支持某政黨的主管面前一直罵某政黨。」

「在朋友家吃飯時，隨口提到小菜很難吃。朋友回說這是我媽做的。」

「終於鼓起勇氣跟暗戀許久的女生告白，對方回覆正在跟我的死黨交往中。」

因為說錯話而感到羞愧的記憶被記住的時間異常地久。這些記憶蠢蠢欲動，隨時會冒出來。即使過了數十年，依然不會被忘記。

我喝水的時候，不小心把褲子弄溼了。一時間，二十年前的記憶瞬間像爆竹般在腦中炸開。當時我在教室裡尿褲子後，坐在椅子上大哭，感到既害羞又絕望。每次想到這件事，我的臉都會瞬間變紅，彷彿我剛剛又犯下相同錯誤般，身體變得僵硬無比。

除此之外，還有許多回憶可以使我瞬間心情低落。情人冷冰冰的反應、被全班同學嘲笑的經驗、被媽媽狠狠教訓等回憶總是隨時隨地冒出來。這些回憶只要我一天記著，就會像現在才發生似地鮮明。雖然是遙遠過往的事情，卻依然在我內心栩栩如生。

奇怪的是，不論再努力背數學公式或英語單詞，也很難記住；手機不知道放在哪裡的時候，也要相當用力地回想才能勉強想起來。但有些記憶即使不想記在腦中，也沒有努力回想，卻像提醒小視窗那樣隨時跳出來——特別是小時候犯下的錯誤更是如此。那些難堪的情緒會自動活過來。專家們把這些即使不努力、不願意，卻會任意自動浮現的記憶稱為非自主記憶（involuntary memory）。

「在學生時期，我曾經因為無法在同學面前發表報告而被嘲笑。現在每次在公司要發表報告之前，這個記憶就會自動浮現，使我感到畏怯。」

「每當有男性對我很親切時，我就會想到前男友背叛我的事情，實在太痛苦了。因此，每次我都很想逃避建立關係和戀愛。」

誰都有丟臉的回憶

首先，會常常想起這些不好的回憶，並不是奇怪的事情。事實上，這是很正常的事。英國心理學家莉亞．克法維拉敘夫利（Lia Kvavilashvili）對記憶進行了一個有趣的研究。她直接計算回想的次數，發現這些不想被記住的回憶在九個月內會自動回想約四百次，也就是一個月四十四次，相當於一天一次以上。

她還發現這種回憶有九成九都是獨處時自動浮現，更進一步分析之後，發現八成是在刷牙、燙衣服、洗碗等做熟悉的日常事務時出現。也就是說，人精神放鬆的時候，特別容易自動回想。

許多人都在想起過往的丟臉回憶時，臉紅或打冷顫都是正常的反應。只有當程度變得太過嚴重或持續太久時，才會成為問題。如果頻繁想起不好的回憶，讓你終日煎熬，甚至嚴重影響社交生活的話，就必須尋找專家幫忙。

大腦為什麼要讓丟臉、令人羞愧、想要忘記的回憶一再地重複浮現呢？從正面角度來看，這是大腦想保護自己的措施。大腦在警告我們不要再犯這種丟人的錯誤，例如不要在高階主管面前說錯話讓自己陷入難堪，或是不要再次遭受戀人的背叛而傷心欲絕。大腦希望我們未來能更小心，所以才會讓過去的痛苦回憶不停地浮現，提醒我們。除了讓我們感到痛苦之外，其實還包含了這一層善意。

接下來，就是最重要的解決對策了。我們要如何才能夠在令人臉紅耳熱的回憶中，獲得些微的喘息呢？根據專家們的建議，以下三個方法可以幫忙大家擺脫不好的回憶。

❶ 練習認同人的不完美

不完美的人類會犯錯是很自然的事情。不論是誰，都會犯錯。即使是爬上最高位置、受到萬人尊重的人也是如此。宗教領袖和大企業老闆也會犯下或大或小的錯誤。即使他們身邊有天才們的輔助，因為錯誤的選擇而感到後悔的依然比比皆是。

小時候犯下的過失，完全不會造成任何問題。國小一年級尿褲子的事情，不可能成為折磨你一生的事件，那只不過是不敢跟老師說要去廁所才會發生的意外而已。學生時期考試作弊被發現的事情，當然不是值得誇耀的事情，但也不是永遠無法被原諒的事情。

仔細分析大多數人犯下錯誤的脈絡，就會發現許多事情都值得被原諒。再次回到前面的火車事件。失言的男人是出於擔心和憐憫，才會對保護者說出那些話。雖然是多管閒事，但他的出發點是好的，況且那個情況確實很容易讓人產生誤會。像這樣分析脈絡，就可以找出原諒自己的根據。

❷ 練習從過去的記憶中掙脫

如果和不好的回憶正面交鋒，是絕對不可能獲勝的。我們雖然需要反省自己的過失或錯誤，但是想的太久，只會讓自己心力憔悴，越來越痛苦。當我們陷入過度的壓力和憂鬱裡，事後懊悔的時間就會拉長。我們需要練習當負面想法持續太久時，要有意識地切斷它。不通過大腦，而是通過身體的行動會更有幫助，例如散步或運動。專注喜歡的興趣或跟朋友聊天也是很好的方法，看綜藝節目或電影讓自己開懷大笑也很好。要走出不好回憶的沼澤，可以通過從事愉快的活動把負面想法覆蓋過去。

那要怎樣做才能擺脫過去呢？專注於過去的事情，視野就會變得模糊，越來越看不見眼前的事物或人，也會對周圍的聲音反應遲鈍。這就是不關注當下，反而待在過去的情況，因此，我們必須再次回到當下。只要把注意力放在當下，就可以擺脫過去的回憶。當你把注意力集中在「這個當下」，過去的痛苦和壓力、後悔等就會自動遠離，非常神奇。關注當下的方法也非常簡單：

- 關注感覺。手指碰觸杯子的感覺、飄來的柔和音樂、眼前的風景等都是感覺聚焦的目標。
- 關注呼吸。慢慢地深吸氣和深吐氣三次，可以幫助精神和心靈放鬆。
- 關注感恩的心。逐一回想現在自己擁有或享受的東西，並表示感恩。體悟到現在的生活其實還不錯，並且「過去的不好回憶不可能破壞現在的生活」這個再清楚不過的事實。

❸ 練習改變想法的焦點

擺脫過去羞愧回憶的第三個方法就是「改變焦點的技術」。美國伊利諾大學心理學教授弗羅林．多科斯（Florin Dolcos）於二〇一四年發表這個方法之後，受到廣大關注。多科斯教授的提案可以簡單概要如下：

只要想起不好的回憶時，就專注在回憶裡周圍的小細節上。

例如，腦中常常不自覺浮現火車上說錯話的回憶。如果選擇壓抑或迴避，這些不好回憶也不會消失，反而是增加痛苦。把注意力放在其他小事情上，可以積極地面對和減少不好回憶帶來的痛苦。試著回想當時火車外的風景，把注意力放在寬闊的草地和蔚藍的天空上，就可以暫時擺脫因為說錯話而感到的不知所措感。只要專注那時周圍的其他細節，不好回憶帶來的痛苦也會慢慢消失。

如果是想起在喜歡某政黨的主管面前大肆批評的回憶，而感到難熬，也可以專注其他小細節上，例如，當時吃了什麼、味道如何等。如果回想起自己說了傻話被大家嘲笑的回憶，最好也是把焦點轉移到其他細節上，當時身邊是哪位朋友、自己穿了哪件衣服等。

多科斯教授強調，像這樣把想法的焦點移到周圍其他事情上之後，就可以很輕鬆擺脫不好回憶帶來的痛苦。

不論是誰，都有折磨人的痛苦回憶，特別是較為敏感的人，常常因為這些回憶而唉聲嘆氣。只要有意識地反覆練習這些控制回憶的訓練，就可以讓飽受折磨的心慢慢獲得釋放。

13 「他一定是討厭我」是一種幻想

我跟認識的同事在走道相遇。我很開心地跟她打招呼，可是對方不但沒有反應，還快速地從我身邊走過。我感覺自己被羞辱了，她無視了我。她一定是討厭跟我有交集，可是我為何要遭受這種無視呢？她真是一個超沒禮貌的女人。我越想越生氣，根本無法專心工作。

這個事例中的主人公因為那位關係不錯的同事沒有跟自己打招呼，所以確信自己被無視了，覺得相當不愉快。但是只要認真想一下，就會發現這個思考邏輯太過片面。「她沒有打招呼」可以做為「我被無視」的證據的機率真的很小，仔細想想，可以有各種原因來解釋「她沒有打招呼」這件事。

她沒有打招呼。因為她正在想其他事情。
她沒有打招呼。因為她沒有聽到我跟她打招呼。
她沒有打招呼。因為走廊很吵。
她沒有打招呼。因為她平時就不太理人。

對方沒有打招呼是明明白白的事實，但是可能的原因卻有數十種。有可能專心想其他事情，所以沒有注意到周圍的；也有可能因為聽力很差、也可能是因為肚子痛，非常急著去廁所；甚至還有可能是她向我點頭或很小聲地回應我了，但我沒有看到或聽到。

容易憤怒的自虐型思考

一個行為會有數十種解釋。前面事例中的「我」，在眾多解釋中只選擇了「我被無視了」這個解釋，並且相信這是「唯一且絕對」的真相。然後，身體因為極度憤怒和復仇心而發抖，陷入了嚴重的被害妄想症。更有可能的是，對方說不定沒發現這件事情，只有自己獨自想像，一個人痛苦不已。

許多人就像這個事例中的「我」具有「自虐型思考」習慣。發生事情時，往往對自己最不利的方向解釋，例如好朋友好心給予建言時，解釋成對自己的責備；課堂上舉手提問，結果老師沒有點到自己，就斷定「老師討厭自己」；講電話的時候，如果對方突然說「我有急事」就匆忙掛斷電話，就會認為「他不想跟自己講話」。

往負面方向解釋的習慣會讓日常生活充滿煎熬，也會讓周圍的人們因為小事情變成了自己的「敵人」，要怎樣做才能改掉這種思考方式呢？

最確實的方法就是「中斷自虐型思考模式」，也就是大腦開始分析之前，就澈底中斷這些想法。例如，老師沒有點名舉手的我，思考到「老師沒有叫到我發言」就應該結束想法了，不能陷入開始分析「老師為什麼這樣做」的陷阱。落入自虐型的思考會使人變得痛苦。跟朋友通電話的時候，如果對方想要快點掛電話，想到「看起來有急事」之後，就不要再進一步思考了。人在找不到答案時會感覺不安，為了不讓自己充滿負面情緒，可以找其他事情來轉移想法，這個方法或許不能馬上使用得很好，但只要有意識地努力做做看，就會達成某程度的效果。

學習區分「事實」和「意見」

如果無法完全停止想法，可以使用以下的方法。如果你是非要找出理由才甘心的人，那一定要先區分「事實」和「意見」。「她沒有打招呼」是事實，但「她無視我」不是「事實」，而是「意見」。意見有可能是對的，也可能只是自己的幻想。光是認知到「她無視我」這個想法可能是錯誤的，就會產生巨大的差異，讓自己的內心稍微好受點。憎恨和復仇心也會慢慢消失，重新找到平和。

「對方想快點掛電話」是事實，「對方再也不想跟我聊天」是意見。事實不會錯，但意見有可能是錯的。我們只不過表達了多種可能性的其中一個而已。如果認為這就是真相，就太武斷了。像這樣懂得區分事實和意見之後，自虐型的思考就一籌莫展了。

不過，雖然區分事實和意見很重要，要做到卻不容易。以下我把荷蘭一個心理學研究團體提供的資料稍微補充之後，介紹給大家。請區分以下的描述是事實，還是意見？

1. 我是壞人。

2. 朋友說A討厭我。
3. 沒有人愛我。
4. 我考試不及格。
5. 再這樣下去，很快我就完蛋了。
6. 我現在有點過胖。
7. 我不像那些人有魅力。
8. 他對我大聲尖叫。
9. 他好像討厭我。
10. 在班上，我的手是最大的。
11. 我的腳太大了。
12. 朋友欠錢不還。
13. 朋友們都討厭我。
14. 我的眼球是黑色的。
15. 我長得不好看。

16. 他說因為很忙，所以無法幫我。
17. 他很自私。

單數句是「意見」，偶數句是「事實」。意見通常參雜了價值判斷。「我很忙」或「某人很自私」都是意見，這些都是個人的價值判斷，所以無法通過機器測量。相反地，「我過重」這句話是可以用數字測量出來的事實。「在我們班上，我的手最大」也是屬於客觀事實，而「腳太大」或「長得不好看」則是主觀的判斷，所以不是事實。「我沒有魅力」也是如此。

事實是真實，但意見有可能是錯的。每個人的意見都不同，即使是同一個人，當情況或觀點不同時，判斷也會隨之改變。

或許你曾經想過：「我是沒用的人。」許多人都會有這個想法。不論是成人或小孩，偶爾都會因為認為自己是沒用的存在而感到痛苦。但這樣的描述是事實嗎？其實只是意見而已。意見是有可能錯的，也就是說「我是有用的人」也是可能的。這就是停止自虐思考的方式。「她無視我，所以她討厭我」的判斷也是如此。這些都是自己的想法，不過是一個意見而已，絕對不可以相信。

不曲解別人想法的四個方法

人們特別關心周圍的人的心情。對別人察言觀色之後，再付出關懷是深思熟慮的表現。然而，如果過度看人臉色，就會對自己的社交健康產生妨礙。特別是喜歡猜測別人的心情並做出錯誤解讀的人，常常會讓自己遭遇難堪的情況。或者是讓自己陷入不利的解讀；太過關心別人的心情等等，容易產生錯覺和誤會。為了防止這種情況，下面介紹四個方法：

❶ 只相信事實

如同前面的說明，努力只關注事實。相信事實，懷疑意見，特別是不好的意見，更應該提高警惕心。「我沒有魅力」或「我是澈底的失敗者」等不只是「意見」，還是「不好的」意見，絕對不可以相信。

❷ 相信沒有惡意

這跟對方實際怎樣想無關，如果相信別人懷有惡意，光這個想法就會讓自己很痛苦。例如，當我們想像同事討厭自己或想要陷害自己，從那一刻開始，就會很在意他們的行為，並感覺到他們在防備自己，這只會讓自己的生活過得很辛苦。我們要相信對方沒有惡意。當我們決定這樣想之後，溝通就會變得正面和有建設性，也會更順暢。

❸ 提問

如果你還是很懷疑對方的意圖，那不如直接問。不是問「你是不是討厭我」，而是問「我是不是做了什麼事情讓你受傷了」，說不定可以聽到對方的內心話。在問的時候，要盡可能沒有情緒，並且慎重其事地詢問，才不會有產生矛盾的風險。

❹ 拜託

對方如果有什麼誤解，一定要跟對方充分說明並請求理解。如果遭遇不合理的事情時，表示強烈的抗議是一個方法，但是大多數情況下，誠懇的態度反而能發揮出更大的威力。內心足夠堅定的人，這個方法會是最強大的工具，因為不論是誰，都不會拒絕溫和謙遜的拜託。

Self Talk

「不管怎樣看，我都覺得課長好像很討厭我。」

「是喔？你怎樣知道？」

「他說話的口氣有點不好。眼神也是。」

「你見到幾次？」

「好像有兩三次了。」

「是不是誤會了？課長可能因為自己的事，才會眼神不好。或者人精神不好時，看起來也會愁眉苦臉的。」

「真的是誤會嗎？」

「我也不知道事實如何，但是在沒有確切證據之前，最好不要做出那樣的判斷。你先試試看停止那些想法。你知道嗎？或許之後你可能會意外發現課長其實很親切。先保留這些判斷，再多觀察看看。」

14 恐懼會讓人擅長說謊

公車遇到塞車了。再這樣下去，上班就會遲到。居然在有會議的日子遇到塞車。等一下主管一定會大發雷霆。再繼續這樣下去，我一定無法晉升，說不定還會被迫離職。戀愛也別談了，最後沒有人要跟我結婚，只能當獨居老人，一個人孤孤單單地死去……

太誇張了。我居然從塞車聯想到孤獨死。我的大腦每次都會聯想到最糟糕的情況，讓我很痛苦。這真是荒唐又可笑的事情。

這個故事雖然相當誇張，但也不一定完全都是幻想。確實有些人真的會這樣胡思亂想，他們的大腦就像一個驚悚小說家，不停地編織各種不好的想法。這些想法會帶來恐懼，讓人們即使是遇到一點小事也會怕得發抖。明明是很小的事情，卻大聲嚷嚷著：「大事不妙了！」「好危險！」

心理學上有一個概念是災難化思考（catastrophizing），指的是「明明沒有證據，但卻自動想像成最壞、最糟糕情況」的態度。例如，去國外旅行時就會想像飛機出事。一件小事失敗時，就會認為這件事情會大大影響整個人生。公車塞車時，就聯想到很久之後會孤獨死。

不被災難化思考欺騙的四個方法

一般人偶爾也會陷入這種災難化思考，特別是面對人際關係時更是如此。

「丈夫回到家後，總是將脫下的衣服隨意亂丟，襪子也是。他從來不會把衣服掛起來或是放進洗衣籃內。我每次都要跟在他後面幫他收拾，因此偶爾我會對他發脾氣。他一定是認為自己隨便亂丟也沒差，反正我總是會整理。他根本就把我當成女傭。」

「我每次傳簡訊給她，她從來沒有一次即時回覆。我們通電話的次數也越來越少了。

我確信她再也不愛我了，她一定已經厭煩我們的關係了。為了不讓自己受傷，我打算開始疏遠她。就這樣，我們慢慢地越走越遠，最後就分手了。」

以上內容改編自美國心理學家賽斯．吉爾罕（Seth J. Gillihan）提出的例子。範例中的人都根據極小的線索得出極嚴重的結論。把襪子扔在地板上是一個很小的行為，但是丈夫把妻子視為女傭就是重大的問題了。由很小的行為推斷出嚴重結論的思考模式，時常會帶來誤解和爭吵。「災難化思考」就是一個典型。情人沒有即時回簡訊，也可能單純因為忙碌，或者正好遇到無法傳簡訊的情況，或是正在苦思中，但是範例中的男友因為「她太晚回簡訊」一個小小線索，就得出「這段戀情看來結束了」這個嚴重的結論。

如果過度分析小事的意義，會讓我們失去更多。毫無根據的恐懼，會影響關係的品質。即使是什麼事情也沒發生的平靜日子，只要想像不好的事情，也能讓你終日充滿不幸，就像那些戰戰兢兢想著美好的春天何時結束，戀人何時拋棄自己的人，還有那位在公車內想像自己會孤獨死的落寞男人。

人類的大腦中有一個編輯程式，即使只有一小撮沙子，也可以想像出一座宮殿。看到某個小事件的瞬間，就立刻感到恐懼，並思考「我」該怎麼辦。請回想一下最近讓你感到害怕的一個想法，然後回答以下的問題：

A. 那個想法有證據嗎？

B. 我是不是想得太誇張了？

C. 那件事情會發生的機率有多少？

A和B是心理學家賽斯．吉爾罕提出的問題，他認為關鍵在於認真自問那些想法是否有證據。例如思考「戀人再也不愛我了」這個想法，有哪些具體事情可以做為證據證明。假如發現沒有明確的證據，只是自己誇張想像的結論，那就應該馬上把這些想法丟進垃圾桶內。

C也是一個很有幫助的問題，詢問自己並推測「那件事情會發生的機率」，並客觀地估算。例如，「老公藐視我或把我當女傭的機率有多少？」「同事討厭我的機率有多少？」當然，大多數時候很難客觀，通常是主觀的判斷，但即使很難準確地估算，可以先判斷是否超過五十％。如果機率很低，那就只是使自己莫名陷入恐慌、毫無價值的「胡思亂想」。「我會孤獨死的機率有多少呢？」也可以通過這種方法重新判斷，就可以知道這是多麼無意義的妄想。

不要通過想像製造恐懼，否則人生會因此變得憂鬱。減少「胡思亂想的想像」的方法，羅列如下：

❶ 觀察自己的想法

災難化思考是自動發生的。當我們看到或遇到某個場面時，想法就如離弦之箭般快速飛往不好的方向。留心觀察自己的思考模式，會很有幫助。只要意識到「我又在想像最糟糕的情況了」，就可以控制自己並舒緩心情。

❷ 不要搞混想像和現實

想像就只是想像而已，並不是事實。我們一定要認知到這些擔憂跟現實完全無關。席捲腦中的大災難情節，只止於你的想像的可能性極高。不論是誰，都會陷入浪費心力的妄想中，因此不需要感到痛苦。

❸ 為後果有多少危險性打分數

如前面所說，如果你認為會發生災難，就把它的危險性數字化。例如，在職場上被主管責備了，這件事導致自己被解僱或被辭職等嚴重後果，就用數字來評估機率會有多高。當人們完全陷入災難化思考時，很輕易就會認為可怕且致命的災難性後果發生的機率是百分之百。冷靜且客觀的評估情況和發生機率的訓練，可以改變這個習慣。

❹ 停止思考

當不好的想法猛烈侵襲自己時，就要想「有這些想法的我是傻瓜」，因為認為可以百分之百知道別人在想什麼，以及認為可以推測出自己五十年後的人生好壞，都是傲慢且天真的錯覺。大多數人都會高估自己的智商，想像自己知道一切，並對未來感到絕望。

事實上，我們了解的宇宙原理少得可憐，更加不可能知道他人內心或偶然事件的原理。面對複雜多變的世界，看到一件小事情就認為自己知道全貌完全是一種錯覺，我們必須要先有這個覺察。

我並不是說完全不會發生壞事，壞事也不會改變人生。我只是說那種災難性事件發生的可能性，就跟中樂透般機率超低。而且，事先擔憂尚未發生的事情，只是為了毫無意義的事情在浪費時間而已。如果我們能夠從災難化思考的習慣中走出來，就可以擁有更多時間，享受當下時光。

Self Talk

「我每天總是想像最糟的情況，覺得那些事情好像真的會發生。」

「例如哪些事情？」

「我想像地震的時候，整棟大樓倒塌。頭痛的時候，也會擔心自己是不是得了癌症。」

「還有其他擔憂嗎？」

「小行星可能會撞上地球，人類會因此滅亡。」

「是喔，的確，這些也不是說完全不可能發生。」

「嗯，說真的我真的很害怕。」

「但是，如果說小行星撞上地球的可能性是〇．〇〇一％的話，不撞上的機率就是九十九．九九九％吧。我們都是相信這九十九．九九九％，然後快樂的活著，不是嗎？就算將來地球真的滅亡，至少在那之前我們無憂無慮的活著，這樣好像比較正確。」

「但我們不是應該要先找出對策嗎？」

「如果是在你可以控制的範圍內，當然可以事先準備。例如害怕生病，就去醫院做全身檢查。但一直擔心發生機率超低的事情，只是在浪費時間。最好的方法是完全不去想。」

15 怎樣才能被人所愛和尊重？

轉眼間，我就跨過五十大關了。為了開創自己的事業，我過得非常辛苦，如今馬上就要退休了。雖然沒有鉅額存款，但已經足夠我在剩餘的人生裡悠閒過活了，而且我還有一間可以每月收租的房子。現在起，我想過著平和安穩的生活，盡情去旅行和吃美食，好好安排過去無法充分享受的假期。我真的認真工作了許久。現在開始，是我的休息時間。

這是一位退休企業家的故事，也是會讓許多無法停止工作或不想放下工作的人心生羨慕的目標。我們幻想著如果能夠快點賺到一大筆錢，過著舒心安穩的生活，那該有多好？

不過，再仔細思考一番，如果說早早退休的企業家人生是成功和幸福的代表，那正在追趕著金錢目標，艱辛度日的平凡人生就是不幸的人生嗎？這位五十歲男人往後真的會過著只有幸福的人生嗎？

美國心理學家納撒尼爾・布蘭登（Nathaniel Branden）表示，支撐自尊心的六個支柱中的其中一個就是「人生的目標」。人們透過設定目標，通過努力終於取得成就是追求幸福的方法之一。達成目標的經驗，會使人獲得強大的自尊心。即使目標沒有達成，在獲得成就而努力的過程中，也能培養出自我肯定的態度。擁有目標是自尊心必備條件。

不幸福的富二代們

想請問大家，看起來無憂無慮、沒有任何缺憾的富二代，真的過得很幸福嗎？為了繼承父母的事業，他們從小就開始做準備，必須選擇符合家世的科系，大學畢業後一定要去留學，以獲得更高的學位。接著進入父母的公司上班。別人拼死拼活才被錄取學校和企業，在他們看來就像走進超市那樣。他們彷彿都能輕易考取學位、一路快速晉升，因為他們從一出生就走在一條鋪滿花朵的人生大道上。可是一切被父母安排好的人生，真的幸福嗎？

其實即使走在充滿花朵的大道上，還是會遇到許多痛苦。瑞士精神治療機構帕拉塞爾蘇斯康復中心（Paracelsus Recovery）的負責人簡．格伯（Jan Gerber）曾經在媒體採訪中說過：「繼承家族事業的人，往往從出生那一刻起，人生就被規劃好了。」

從正面思考的角度，那就是他們一出生就獲得富足的資產，所以代價是被剝奪了「選擇的意志」。入學、選科系、留學、就業等，都必須乖乖按照父母安排的走，這是財團富二代們的共同悲劇——他們不是自發自覺的存在，而是根據他人制定好的計畫來行動的被動存在。

簡．格伯提到八成的中東富豪子女需要定期服用抗憂鬱藥。富可敵國的石油大亨的子女們，說不定也過得很痛苦和憂鬱。特權階級的不幸在於只能根據早就設計好的程式行動，宛如機器人般。

根據早已規畫好的路線進入父親的公司上班，爬到最高位置，最後順利繼承所有一切，是不是從此之後就不再有痛苦和空虛感呢？不，這時候才是真正痛苦的開始。從此以後，他的命運將永遠與財團綁在一起，然而，又無法真正掌控財團。大部分私人企業的擁有者是「沒有責任」的，也就是說，通常是由下屬們來輔助和承擔責任。就算企業經營不善導致收益減少時，也極少出現解雇或趕走最高負責人的情況，因為他們通常「沒有責任」。

這個事實也表示他們在公司中「沒有角色」，他們即使不來上班，企業也能夠正常運作。他們只能過著百無聊賴的人生，無趣和空虛的人生在面對藥物和快感等脫序的誘惑時，會顯得相當脆弱。

獲得幸福和尊重的流浪少女

接著來介紹完全相反的人生。被譽為感動全美的「奇蹟女孩」莉絲・默里（Liz Murray），雖然極為貧窮，但是靠著追求夢想的熱情獲得了幸福和尊重。

一九八〇年，她出生於紐約布朗克斯。父母都是毒品成癮者，兩人都感染了後天免疫缺乏症候群（AIDS），一九九六年時，母親因為愛滋病過世，十年後父親也因為相同疾病離開了世界。她在十五歲那年就流落街頭，有時候睡在紐約的街道上，有時候睡在朋友家，有時候睡在捷運站裡。但即使遭受如此可怕的考驗，她的意志始終沒有被擊垮。她想盡各種方法學習，最後堂堂正正地考進哈佛大學，受到全美的矚目。

她在事後回憶時說：

媽媽常常對我說：「總有一天，生活會變好的。」但是媽媽沒能實現自己的夢想就死了。那時候我才頓悟一個事實，那就是：「現在不改變，夢想永遠不可能成真。」

我們擁有的時間比想像的還要短暫，因此浪費時間的話就太可惜了。如果你有夢想，像莉絲．默里那樣熱切的追求吧。你的目標可以指引你，也可以保護你不陷入絕望，更能讓你變成更加值得被愛的存在。

沒有夢想的人生是虛無飄渺的。失去夢想的富人比擁有夢想的流浪漢更加不幸。「人一定要有目標。」我並不打算把這句老生常談的格言做為收尾，因為並不是所有目標都是有益的。接下來我會介紹設定對自己有益、可以讓自己幸福的目標的方法。

設定人生目標的方法

英國身心健康服務信託基金會（Hertfordshire Partnership University NHS Foundation Trust，簡稱HPFT）提出多個「好目標的要素」，其中三個特別有說服力。好的目標必須是「可以實現」、「內容具體」以及「必須有截止時間」。難以實現的非現實目標只會浪費力氣，不停讓自己感到挫折而已。內容不夠具體、太過抽象的目標也難以實現。最後，如果想實現目標，就必須對此設下截止期限。

A. 我會中樂透。

B. 我一定會成功。

C. 我直到成功之前，都不會放棄。

以上三個目標中，A不可能成為目標，這是非現實的妄想。設定不可能實現的目標，只會讓人生更空虛。

B跟A相比，算是現實的目標，但「我一定要通過努力獲得成功」只能算是意志堅定的表達。嚴格來說，是否能夠成功不是由各人的努力來決定，環境、運氣、時機等各種外部要素都會起到作用。在這些要素中，「我」可以「選擇」的領域極少。

那C又怎樣呢？「不會放棄」是「我」可以選擇的態度。態度不是外部要素，而是屬於自我意志的領域。C這個目標的主體是「我」，自己的決定權是最強大的。因此C這句是最現實、實踐可能性最高的目標。

我從現在開始不會再不安了。

我每天都會很幸福。

我今年會談戀愛。

以上都是重要的人生目標，但是這種目標事實上很難實現，因為都太抽象了。換句話說，就是不夠具體。設定這種抽象的目標，應該很容易就會忘記了吧？如果把目標改成下面的內容，會如何呢？

我每次感到不安時，就會閉上眼睛深呼吸。
我每天都會記錄自己何時會感到幸福。
我每個月都會參加一次相親。

大家都想得到「平靜的心」、「幸福」和「愛」，但如果沒有提出怎樣才能消除不安、得到幸福和愛的具體方案，就只是抽象的目標，所以不可能實現。只有努力設定具體的目標，才能夠提高達成的機率。

好目標的最後一個要素就是「截止時間」。我們要實現某個目標，不可能花上無限多的時間，而且為了達成長期目標，首先要先達成短期目標。這時，就需要切割時間，再設定各個階段的目標。

下週要做的事情有哪些？
下個月要做的事情中，最重要的是哪件事？
今年一定要實現的目標是什麼？

五年後一定要實現的目標是什麼？

設定短期、中期、長期目標後，再重新規劃時間，這個做法能夠激起你的生活動力。在實現過程中，看到中小目標們慢慢實現時，也能提高自豪感。

「希望是美好的，也許是人間最美好的事；而美好的事物永不消逝。」

這是電影《刺激一九九五》（*The Shawshank Redemption*）的臺詞。被判處無期徒刑、餘生必須待在監獄的主角有一個夢想，那就是逃出這個地獄般的地方，重新獲得自由。於是他用了十九年的時間挖牆壁，最後成功逃獄。這個故事告訴我們，只要擁有明確的目標，就不會放棄希望。

作家史蒂芬．金（Stephen King）說過，希望是所有事物中最棒的東西——不只是對鬱悶的囚犯，對每天生活在不安裡的一般人來說，希望也是最有價值的寶物。我們的人生是充滿不安的，每天都伴隨著痛苦，甚至看到鏡子裡的自己時，認為那是最無能、無價值的存在。在這種情況下，能夠解救我們的就是希望。希望能讓我們從不安、痛苦和自我貶低中逃脫出來，獲得往前走的力量。當目標有實現的希望時，我們不只是變得更美麗而已，還會減少不幸感。

在「希望」這個單詞意義早就消失許久的現在，說不定也是最需要希望的時代。

16 失敗也沒關係，重要的是「復原力」

有個女人離婚後，陷入必須靠救濟金生活的困境，她窮到連照顧孩子、維持三餐都很艱難的地步。因為沒錢買電腦，所以她用打字機打出原稿，再投稿給出版社。在獲得成功之前，她持續過著貧苦的生活，直到一九九七年《哈利波特》（*Harry Potter*）第一集出版。

J・K・羅琳說：「人生中不可能完全沒有失敗。如果為了避免失敗，過度小心翼翼地活著，這跟沒有活過沒有兩樣。這種人生本身就是失敗。」

「只要還活著，就有可能會遇到失敗。」這並不是了無新意的常見安慰，而是她真心認為失敗和挫折是人生的必備要素。

學習走路的小孩，也不得不受到摔倒的痛苦，可是如果父母因為心疼寶貝般的孩子摔倒而不讓小孩學走路，孩子將一輩子都學不會走路。這就不是愛，而是虐待。如果真心愛孩子，就必須讓他們摔倒，因為他們必須體驗失敗。如果沒有失敗的經驗，人就會永遠停留在幼兒階段。

人生是失敗和成功交織的禮物，不存在百分之百幸福的瞬間。孩子學習走路時，會摔倒感到疼痛。上學的時候，會在第一次人際關係中受傷。再長大一點，會因為競爭而感到痛苦。即使是人人羨慕的學校、工作、婚姻，其中也會面臨各種不為人所知的辛苦。

我們每天都切身感受到這個事實。早上起床時，即使祈禱「希望今天過得幸福」、「希望只發生開心的好事」，或決心「今天都要微笑渡過」，結果常常是渡過無聊平凡的又一天。

如果說，不相信地球繞著太陽轉的地動說的人是傻瓜，那不肯承認「失敗或不幸不可能完全從人生中去除」的清晰事實的人，也是傻瓜。相信人生會發生幸福和愉快的事情，同時也能接受發生不幸或憤怒的事情，是愛自己的基礎。

你可能會想，如果不幸和失敗產生的煩躁或挫折感，都是理所當然的事，因此我就要放棄幸福的可能嗎？當然不是。我只是說要放下無謂的鬥志而已。

人生中，幸與不幸是來來去去的，**我們需要的並不是「一定要幸福」的鬥志，而是心理的彈性**，就像橡膠被弄彎之後，可以馬上恢復原貌的彈性。在心理學上稱之為復原力（resilience）。

心理的復原力越高，即使遇到不幸也能馬上恢復；即使傷心到說不出話，或害怕到渾身發抖，也能夠輕易地找回內心的平靜。

A. 我一定會幸福。

B. 即使遇到不幸，我之後也能重新找回內心的幸福。

A表達了一定要幸福的強烈意志，B則是強調內心復原力的表達，展現了更加成熟的決心。因為說出B這句話的人，顯然接受人生中一定會遇到傷心、不幸、失敗的事實，並培養願意忍受這些事情的意識。

C. 我今天要心情愉悅地渡過一天。

D.即使發生不好的事情，我的心情也一定能馬上恢復。

哪一句更加實際呢？D承認遇到不好的事情時，自己會不開心，然而，越是清楚看清現實的人所做的決心，其實踐的可能性越高。

愛迪生可以說是心理復原力極高的歷史人物之一。他在數千次失敗之後，總算發明了電燈。數千次的失敗並沒有減少他的意志，他每天早上是怎樣幫自己加油打氣的呢？他會說「今天一定要成功」嗎？還是「即使今天沒能成功，也不要感到挫折」呢？我認為後者的可能性比較高。

心理復原力低的人遇到小小的不幸，會快速陷入憂鬱；遇到小考驗，會馬上感到挫折。他們容易因為不愉快的事情讓心情瞬間變得低落，而且還是長久、強烈的持續性低落。

心理復原力高的人當然也會害怕遇到不幸和失望的事情，只不過他們會馬上復原。也就是說，遇到憂鬱和失敗時，衝擊力會比較小一點。即使考試成績不如預期、事情也無法順利解決，甚至面對周圍人的指責，他們失落後也會在不久之後重新站起。

心理復原力低者的想法	心理復原力高者的想法
遇到壞事時，很容易挫折而且不知道該怎麼辦。	就算遇到不好的事情，也相信不論怎樣都可以解決。
遇到傷心的事情時，在很長一段時間內都無法忘記。	雖然有傷心的記憶，但不會對我的行為和內心產生巨大的影響。
常常因為周圍的人而吃虧。我總是當犧牲者。	我人生的中心是我自己。
遇到問題時，會先追究誰要負責任。	遇到問題時，會先尋找解決方法。

培養復原力的心理態度

心理的復原力就像保護自己的防彈衣，讓我們不再受傷。要怎樣穿上防彈衣呢？

❶ 樂觀的態度

樂觀的練習，會對我們有所幫助。相信不論發生多糟的事情，也可以馬上解決，同時也認為在這些辛苦的過程結束之後，自己能獲得寶貴的教訓。如果擁有這種樂觀的態度，遇到不幸或挫折，也不會輕易被打倒。

❷ 享受不確定性

我們並不知道愛迪生是否確信自己能夠成功發明電燈，J．K．羅琳想必也不確定自己的書會成為世界級暢銷書。可是，他們並沒有對無法確信的事情感到挫折。當結果充滿不確定性時，當然會感到焦躁和不安，但只要擁有忍耐不安的力量，就不會讓自己陷入挫折的泥潭。

❸ 切斷情緒的能力

不論是誰，都會感到挫折，因此不需要感到負罪感。這種情緒會像藤蔓般侵蝕靈魂，如果連續好幾天都沉溺在裡面就不好了，這時就要快點切斷這種欺騙心靈的情緒。

❹ 自我憐憫的心

健康的自我憐憫心能提高心理復原力，也就是「理解和安慰遭遇到困難的自己」。

我們需要的安慰方式有兩種。第一種是支持的安慰：「今天也失敗了。」「我好傷心，我想全部都放棄。」「但我還要加油。只要再次挑戰，一定可以做得更好。」

第二種是擴大視野的安慰：「今天也失敗了。」「不過許多人也像你一樣失敗了，不是只有你。」「再次挑戰就可以了。你也一定可以的。」

「不是只有你」這句安慰的話，乍看之下好像沒有誠意。但是對於那些正在遭受絕望和傷心的人來說，只要意識到這是每個人都會感受到的情緒，就能夠更容易地挺過這個難關。

提升心理復原力的十個方法

美國心理學會提出十個提升心理復原力的方法：

❶ 從家人和朋友中得到力量

得到家人或親密友人的支持之後，就能獲得巨大的力量幫助自己培養心理復原力。遇到辛苦的事情時，只要得到家人和朋友們的認可和支援，就能夠快速復原。

❷ 認為自己可以克服危機

當我們遇到壓力時，其實並沒有改變事情的力量，但是我們可以控制自己對這件事的理解和反應。堅定相信自己可以克服危機，或擁有「開放性思考」，就能提高逆轉情勢的可能性。

❸ 認為變化只是人生的一部分

當情況跟我們所想的不同，發生劇變時，我們必須馬上接受。否認和逃避只會惡化問題而已。只要我們還活著，就不免會時常遇到這種情況。乾脆地認同已成既定事實的變化，並尋找問題的解決方法，需要高度的變通性。

❹專注追求目標

設定符合現實的目標，每天一點點地實現。當我們把注意力放在大目標時，路上遇到零星的小問題時，才不會輕易失去重心。

❺採取果斷行動

發生問題時，必須正面地面對問題，找出最好的解決方法後採取行動。不要期待問題會消失不見，只是傻傻在原地等待是不會有任何結果的。

❻相信最終自己能有所成長

在人生中遭受巨大悲劇並獲得領悟的人，會因此擁有強大的心靈，因為對於人生的想法變得從容，精神上也獲得高度成長，也越能夠包容他人。如果現在你正面臨辛苦的事情，想像一下等這個時期過了之後，自己成長的模樣。一定有一個比現在更堅強的未來的你，正在等待著你。

❼ 肯定自己

我們需要肯定自己的視角。你有多相信自己的判斷力和解決問題的能力，就能產生多大的行動力。

❽ 選擇更寬廣的觀點

狹隘的視野會讓自己很難找出克服現況的方法。從寬廣的觀點觀察現況時，才能夠做出長期且有效的選擇。

❾ 保持希望的習慣

樂觀的展望能帶來克服和享受眼前困難的能量。要培養不關注困難的事情，而是想像心情愉悅的好事的習慣。

⑩ 我會照顧我自己

充分休息、吃健康的食物、多運動培養體力。我們可以通過這些讓自己心情愉悅的事情來好好照顧自己。

我定義我自己

在這裡引用荷蘭心理學家伊迪絲・格羅貝格（Edith Grotberg）提出的方法。當你內心痛苦的時候，可以用「I have」、「I am」、「I can」開頭來完成三個句子。

I have：我有________。

I am：我是________。

I can：我可以________。

可能出現的句子如下：

我有不論何時都相信我和愛我的朋友。
我是得到朋友的愛和支持的人。
我可以找出解決問題的方法。

我有擔心我和支持我的家人。
我是得到家人的愛的人。
我可以挺過這個艱難的時刻。

在危機面前，為了不輕易倒下，需要三個元素做為堅強內在的後盾，那就是「帶來力量的存在」、「相信自己的心」及「寬廣的觀點」。當我們相信這個難關不是要來消滅自己，而是要使自己成長的話，就能夠發揮出更大的能量。

另外補充說明，第一個條件「帶來力量的存在」並不一定是指人，也可以是寵物或喜歡的植物。

Self Talk

「我又失敗了。不知道我之後還能做什麼，真的很茫然。」

「《哈利波特》的作者J．K．羅琳說過，『失敗是人生的一部分。』」

「她已經實現夢想了，才會那樣說。我不相信這些成功人士的勵志故事。」

「成功之後，也是會遇到失敗或不幸的。」

「所有事情都美夢成真的J．K．羅琳，還會遇到不幸的事情嗎？」

「這不是理所當然的事情嗎？就算是世界首富也是如此。」

「這樣說來，所有人的人生都是不幸的。這是多麼悲哀的事情。」

「所有的人生都有不幸和幸福。人生就像一趟雲霄飛車。你現在正好處於向下的路上，一定會再次上升的。只要這樣想，就可以產生勇氣。」

「也許我的雲霄飛車故障了。或許不會再上升了。」

「不論是誰都會這樣想，因為現在正處於最辛苦的時候，但是事後回想就會發現，原來當我們感覺在向下的時候，其實已經開始慢慢往上升了。」

17 感恩的心能製造奇蹟

我正在準備公務員考試，這是一場攸關生死的考試。我越是努力學習，越感到難受和痛苦，甚至就連去除雜念也覺得好辛苦。我要如何才能夠集中注意力呢？答案是需要強烈的意志力。壓抑想要玩樂的慾望，以及接踵而來的各種擔憂，對我來說，最需要的就是強烈的意志力。每次我稍微鬆懈的時候，就需要趕緊警惕自己。只要擁有強大的意志力，我就一定可以戰勝誘惑，並通過考試。

「擁有強大的意志力和努力，就一定可以成功」這是一句我們常常聽到的話，也是成功人士常常強調的話，所以我們會認為如果沒有遠大的目標、強烈的耐心和意志力，就很難達成目標。

有關意志力的名言還有以下這些：

「對人們來說，欠缺的不是力量，而是意志力不夠而已。」
「如果沒有偉大的意志力，就不存在偉大的才能。」

以上這兩句話分別是大文豪雨果（Victor Hugo）和巴爾札克（Honoré de Balzac）所說。然而，大多數一般人的意志力都是比較薄弱的，設定目標也很常失敗。就算下定決心要努力，也很難持續一週以上。每年初都懷著野心設定目標，但幾週之後馬上就會忘記。下定決心要好好學習英語、計畫每天運動來減重、跟自己約定為了健康要減少喝酒次數等，通常都是以失敗收場。為什麼會這樣呢？意志力薄弱是一個原因，但也因為缺乏「正面的自我控制力」。

在忙碌的生活中擠出時間來學習英語，是為了增進「未來的能力」，意思就是我們是為了未來的能力而控制現在的時間，也可以說是為了未來的快樂放棄現在的快樂。運動也是如此。運動會讓現在的身體感到痛苦和疲累，但是一年之後，就能夠擁有比現在更健康的身體。運動的人知道「成果的味道」，正是因為知道，才甘願放棄現在的舒適生活。

自我控制力需要強烈的意志力才能夠發揮嗎？這麼說雖然沒有錯，但是還有一個要素對自我控制力影響更大，那就是「感恩的心」。

美國心理學教授大衛．德斯諾（David DeSteno）長久以來主張感恩的心可以提高自我控制力，也能提高成功的機率。大衛．德斯諾曾做過一個實驗，他詢問實驗的受試者：

「你想現在領到十萬元，還是一年後領到一百萬元？」

大概多數人都會選「一年後收到一百萬元」吧。如果捨不得眼前的十萬元，放棄不了滿足現在的慾望，就會很難做出選擇。選「一年後收到一百萬元」的人，就需要通過自我控制力去抑制現在就想拿十萬元的想法。

根據大衛．德斯諾教授的研究結果，平時常常表達感恩的人，其自我控制力較強。也就是說，內心充滿感恩的受試者比其他人更能夠發揮高度的控制力。

原因並不難推測。對現在深深感恩的人不會感到不安。當內心沒有不滿時，就擁有充分控制心靈的力量，忍耐痛苦的能力也就更強。「控制自己」也代表「懂得控制想法和忍耐痛苦」，這種能力可以幫助我們在未來獲得更大的成果。

英國利茲大學商學院教授吳佳煇（Chia-huei Wu）也在二〇〇四年發表了主題類似的論文。他以運動選手們為調查對象，發現越是懂得感恩的選手，自尊心越高，同時他也強調自尊心高在提升運動實力上是最重要的要素。也就是說，感恩的心能夠同時提升自尊心和實力。

我們馬上來練習看看，請回想現在值得感恩的事情並說出來。

我現在能擁有存款，是很幸運的事情。
我很感謝身邊有溫柔的朋友們。
我的父母親身體健康，是多麼幸運的事情。

不管是用哪種方式，只要把感恩說出來，內心就會感到平靜。不滿和不安也會某種程度的消失。內心安穩時，集中力就會提高，事情當然也會做得更好。感恩的習慣可以提高我們的能力、成就以及生活品質。

感恩還有其他益處。大衛・德斯諾教授在《至善》（*Greater Good Magazine*）雜誌上刊登的文章中，提到感恩的心會引發人們想要幫助別人的想法。跟「快樂是會傳染的」這句話道理相同，當我們對某人表達感謝時，也會產生想要幫助其他人的想法。

越懂得感恩的人，越擅長做出未來指向性高的選擇，而且這種選擇不需要其他努力。越是意識不到意志力，感恩的心就持續越久。也就是說，當你越不需要花費力氣時，越能培養出自我控制力。

而且感恩的心在與他人相處時，也能起到很大的益處，是建立關係的重要要素。懂得感恩的人會為共事團隊點燃熱情和耐力，彼此之間獲得強烈的推動力，因此成功的機率當然會更高。

在親密關係中，感恩的心也極為重要，它是減少彼此爭吵以及矛盾壓力的最有效工具。越是懂得感謝對方的存在，感謝對方帶來的大大小小的愉悅，幸福感就會大幅提升。

更重要的是，感恩的心對「和自己好好相處」的練習也有所幫助，它可以平息對自己的攻擊性想法和責備自己的聲音。感謝自己現在的樣子、能力以及未來的可能性，就是在感謝自己的存在本身。「我和自己的和解」就從這時候開始。

感恩的心就像肌肉訓練那樣可以通過練習培養，亦即培養「感恩感受力」的訓練。方法非常簡單，大衛．德斯諾教授建議是「每天寫感恩日記」。日記上不需要寫特別的內容，只要紀錄每天想要感恩的小事情就可以。如果覺得每天寫很難的話，也可以一週寫兩、三次就好，對於朋友或同事的幫助而感受的感恩、開心等感覺都要統統記錄下來，養成詳細記錄的習慣，可以培養我們對小事情表達感恩的心更加敏銳。

美國作家尚恩．艾科爾（Shawn Achor）也提過類似的建言，他建議每天寫出當天想要感恩的三件事，不需要寫下很厲害的事情，像是某人稱讚自己、幫忙買飲料，或是先跟自己打招呼等都是值得感恩的事情。每天回想三件值得感恩的事情，就可以訓練大腦改變思考模式。當我們對感恩越來越敏感時，就能找出更多值得感恩的事情。這樣一來，人生中值得感恩的事情就會慢慢越來越多。同時，我們也能越來越擅長對自己感恩。當自己完成困難的事時，可以感恩自己的能力。痛苦了一週之後，感冒總算好了，也很值得感恩。當遇到不好的事情時，如果在深呼吸之後，能夠再次找回內心平靜，就是我們有所成長的證據。感恩的習慣是自己給自己帶來力量的最佳方法。

Self Talk

「我很討厭學習。我的意志力越來越薄弱了，一直想出去玩。」

「你現在是每個人羨慕的對象呢。不是每個人都能像你一樣，辭職後又有重新開始學習的機會。」

「這麼一說也是。但我是不是意志力太過薄弱了，才會這樣胡思亂想呢？」

「強大的意志力當然很重要，但是也不需要強迫自己去製造意志力。面對這種時候，感恩的心才是最強大的力量。」

「這是什麼意思？」

「我剛剛也說過了，你現在是所有人羨慕的對象。因為你擁有了別人很難獲得的機會，這很值得感恩，如果錯過這次機會和環境不就太可惜了？這樣一想，是不是就有學習的慾望了？」

Self Test

03 我的感恩感受力有多高呢？

你有多麼感謝自己的人生呢？你有對小事情感到開心和感恩的能力嗎？比起很會賺錢的能力、遇到溫柔伴侶的幸運，更加能夠確實帶來幸福的條件是「懂得對每件事情感恩的感受力有多高」。請閱讀以下並選出符合自己現況的句子。

① 我的人生中有許多值得感恩的事情。
② 我很想改造另一半的說話或穿搭方式。
③ 我擁有許多好朋友和家人，所以覺得很幸福。
④ 我賺的錢不夠多，所以總是活得很辛苦。
⑤ 我昨天說了三次以上的「謝謝」。
⑥ 我在同事或朋友身上看到了許多缺點。
⑦ 我的另一半身上沒有什麼太嚴重的缺陷。

⑧ 我最近都沒有吃到好吃的食物。

⑨ 我早上起床時心情很好。

⑩ 我很少在早上起床時心情很好。

⑪ 我可以說出六位想要感謝的人。

⑫ 很多人不懂得感恩我的所作所為。

選擇單數題目較多的人表示你擅長感恩，偶數題目多表示你是內心的不滿比起感恩多的人。不太擅長感恩的人，常常容易看到家人、朋友或情人身上的缺點。比起感恩，更專注在自己的不足，內心充滿不滿。

如果對自己的人生不懂得感恩，早上起床也會討厭無比。不論何時都感覺錢不夠用。當然也會覺得別人對自己不夠感恩。擁有這種心態的人，是不可能獲得幸福的。只有愉悅的心情和積極的態度，才可以讓我們把注意力集中在工作上。你想讓你的一整天充滿感恩，還是充滿不滿呢？選擇就在你自己身上。

第四章

對內心受傷的我說

修復的話語

18 我有克服過去創傷的力量

我現在三十幾歲，我的經濟能力不錯，也有許多朋友。對異性來說也不是沒有吸引力。不過，我沒有結婚的想法。因為我有一個無人知曉的缺陷——那就是我從小在精神和肉體上都受到嚴重的虐待。我數不清多少次被責備，也常常挨揍。我聽說內心受傷過深的人成為父母之後，也會對自己的子女施加同樣的傷害。我不想把這些痛苦帶給自己的子女。我沒有成為好父母的資格。這就是我不想結婚的原因。

我看過某位名人在電視上發表過類似的言論，不少人可能也擁有相同的想法。因為社會普遍支持「家暴遺傳」這個說法，亦即如果一個人有被父母嚴重虐待或體罰的痛苦回憶，自己成為父母之後，就會把相同痛苦帶給下一代。下面這個例子正是如此。

「十歲的女兒常常會說謊，已經被母親抓到好幾次了。母親下定決心即使體罰，也要改掉女兒這個壞習慣，於是她打了女兒的小腿肚。就在打下去的那一瞬間，她想起自己小時候也被父母用樹枝狠狠打過。」

「因為兒子正處於青春期，我每天都飽受壓力折磨，最後忍不住暴發。我火冒三丈地對兒子大聲叫道：『你真的什麼都做不好。早知道就不把你生下來了。』我一說出口，就被自己嚇了一大跳。因為這是我國中時，媽媽對我說過的話。」

太陽底下沒有新鮮事。「被虐待的孩子成為父母之後，也會虐待孩子」這個觀點被大家如真理般深信不疑。不僅國內外許多心理專家這樣說，小時候受過創傷的人們也因為這句話而厭惡自己，並且深信不疑。他們認為被虐待過的自己的靈魂已經敗壞了，所以也會對自己子女的靈魂造成傷害。

可是，這種自我厭惡真的是合理的嗎？關於「代代相傳的暴力」是真的嗎？不，並不是，這是無稽之談的可能性更高。

挨打的小孩會成為打小孩的人嗎？

美國田納西州立大學的心理學教授大衛．艾倫（David Allen）在《今日心理學》（*Psychology Today*）雜誌中提出的主張概要如下：

- 大部分被虐待的孩子不會虐待自己的孩子。
- 其中一部分人害怕自己會虐待孩子而選擇不生小孩。
- 也有些人是過度保護小孩。由於自己被放置不管，所以反過來想要無條件地保護自己的小孩。
- 整體來看，成長過程中被虐待的人大多數成為模範父母。

大衛．艾倫教授指出小時候被虐待的人比普通人更加反對虐待。正因為自己被虐待過，所以知道打小孩是多麼糟糕的行為，同時自己也親身體驗過暴力會帶來多麼致命性的傷害，因此這些記憶成為管控自己行為的力量。

美國心理學家凱西・維敦（Cathy Widom）二〇一五年在學術期刊《科學》（*Science*）上發表了一篇論文，經過三十年以上的研究，她發現在肉體上曾遭受虐待的人，大多數不會對子女施加肉體暴力。也就是說，「家暴遺傳」這個論點是假的，是一種偏見。

即使被虐待、內心滿是創傷的人，長大之後也有可能成為非常棒的父母。在這個研究結果中，我們得出一個充滿希望的啟發：**那就是人類是可以戰勝嚴重創傷的強大存在。你比你自己想像的還要強大**。幼兒時期的經驗無法限制你的未來，沒有必要成為被不好回憶捆綁住的俘虜。

不好的過去不會限制你

擁有要擺脫不好經驗和不好經驗帶來的創傷的意識力，就可以產生驚人的力量。仔細想一想，就會發現那是理所當然的事情。人類是高智能的存在。如果人類是看到什麼，只會單純反覆那些行為的低智能生命體的話，那麼個人成長和歷史發展都不可能發生。人類擅長利用智能去學習，可以跳出經驗的枷鎖，提高自己的層次。

人類不是程式編輯器。電腦、APP、機器人只會根據設計好的程式運作，根據輸入的命令無限次地反覆執行。可是，人類並不會完全聽從老師或父母的命令，而是會根據自己的判斷行動，通過所學的教育和經驗超越自己。

再次回到父母資格這個話題。沒有人可以成為完美父母。每個人都有各種缺點，例如膽小、個性急躁、內心不安或無法控制怒火等。每個人都有自己本質上的問題，但這些並不成為必須放棄當父母的原因。只要肯定自己的能力，持續努力的話，一定可以成為讓自己子女感到幸福的父母。

前面那位放棄結婚的男人，實際上做出了愚蠢的選擇。因為不幸的童年，害怕自己會成為壞爸爸。然而，由於他對虐待相當反感，反而越有可能成為溫柔體貼的爸爸，只是他還不知道「人不會被不好的過去限制住」這個事實。

最重要的是相信現在的自己。即使過去發生過不好的事情，或是受過無法對他人言的創傷，只要相信自己擁有可以克服這一切的力量，那就可以解決任何問題。

19 擁抱受傷的自尊活著

我在小時候心靈受創很深，甚至因為太過厭惡自己，還曾經試圖自殺，現在需要依靠各種藥物才能勉強地活著。成年之後，常常聽到周圍的人說我「強悍無畏」，他們認為我堅持自我主張、充滿自信、內心堅強。但這些不是真實。我現在每瞬間都因為低自尊活得非常辛苦。

這是美國電影明星安潔莉娜·裘莉（Angelina Jolie）的自述。在某個雜誌訪談中，她聽到自己被評價「做為母親和女性都充滿了自信」時，這樣回答道：「我每瞬間都因為低自尊活得非常辛苦。或許所有人都會有這種想法。我犯下許多錯誤，長相也很奇怪。我偶爾會覺得自己長得像布偶。」

自尊心是自己對自身價值的判斷，也可以說是給自我價值打分數。用分數評估一下你認為自己是多麼重要的人。如果滿分是一百分，你會給自己幾分呢？

在現在的社會，「自尊心」這個概念是熱門的話題。基本上，低自尊被視為一個問題。如果認為自己是不重要的存在，人生就只能過得痛苦不堪；相反地，如果擁有亮麗的外表和鉅額財富、超高人氣的話，應該就能夠提高自尊心吧？真的是這樣嗎？

安潔莉娜．裘莉擁有以上所有條件，可是她的回答並非如此。像她這種看起來內外都很完美的女性也說自己因為低自尊而痛苦，特別值得注意的是她說自己長得像兒童節目《芝麻街》（*Sesame Street*）中登場的布偶。顯然即使外表光鮮亮麗，內心也有可能灰暗感傷。

低自尊的人會出現哪些症狀呢？有可能隱藏在以下這些想法中：

「我每次的判斷都是錯的，一定會被其他人議論紛紛。」

「偶爾我會覺得自己是沒有價值的人而提不起勁。這樣沒用的我，被裁員、被甩了也不是奇怪的事情。」

「我有嚴重的選擇障礙。不只是針對重大的決定，就連在餐廳點餐也覺得很困難。」

「我連犯個小錯都會覺得很羞愧，那種時候會很想放下一切，逃到一個沒有人的地方。」

「我不擅長表達不滿。因為我沒有自信自己的判斷和意見是否正確。」

「只要放棄和謙讓的話，內心就會比較舒服。其他人一定會做得比我好。」

「我常常會回想別人對我說的話。到底那是什麼意思呢？對方為什麼要說那些話呢？我越想越痛苦。」

「我無法想像自己對喜歡的異性告白。我到底想不想談戀愛？」

「如果有人稱讚我，我雖然會害羞，但其實很開心。因此，我會為了能夠再次被稱讚，竭盡全力地努力表現。」

這些想法中都包含了「我沒有價值」這層意思。低自尊的人基本上都認為「自我價值很低」，進而認為自己的判斷和選擇沒有價值，當然就會害怕去做判斷和選擇。如果遇到不得不做出決定的情況時，做出決定之後也會馬上憂慮不安。因為擔心自己會做出傻瓜般的決定，恐懼被別人發現自己是沒有價值的人。

其實每個人內心都有這種想法，只是程度不同而已。就像安潔莉娜·裘莉所說，說不定每個人都認為自己是低自尊。即使是擁有耀眼外表、累積鉅額財富、在社會上廣受尊敬的領袖們可能也不例外。

大多數人的自尊心都很低

根據統計，大多數人都煩惱於「低自尊」。美國心理學家約瑟夫·魯比諾博士（Joseph Rubino）在自己的著作中主張「百分之八十五%的人都因為低自尊感到痛苦」。二〇一六年一項澳洲統計，指出有七十九%的女性認為自己「自尊心很低」；二〇一七年一項英國調查，則指出六十一%的青少女有著低自尊的問題。

不僅如此，全世界的心理學者或心理治療師普遍認為不管在社會上取得多大成就，大多數人都忍耐著低自尊帶來的痛苦。

聽到那些有名、有錢、外貌出色的人也是低自尊時，某種程度上會讓人感到開心，或至少感到安心，原來「不是只有我才會有這種苦惱」。也就是說，低自尊並不是什麼嚴重的缺陷。

還有許多人強迫自己要提高自尊心，因此才會對「自尊心很低」異常敏感。你可能聽過有些人哭訴道：「大家都說我自尊心很低。低自尊的人的人生很慘，也無法談戀愛。」

但就連那些在社會上取得非凡成就的人們，大多數都有低自尊問題的話，那就沒有必要擔心低自尊了。這表示低自尊不是自己在社會上獲得成功或幸福的決定性障礙，也不會影響日常生活。

那麼，高自尊一定是好的嗎？美國心理學家麥克・肯尼斯（Michael Kernis）在二〇〇八年曾提出「脆弱高自尊」的概念，其研究結果在發表後受到廣大關注。脆弱高自尊，就像是耀眼奪目、閃閃發光的玻璃工藝品，但是一受到小小撞擊就會馬上破裂成碎片。脆弱高自尊的人，只要自己的價值有被質疑的可能，就會馬上做出激烈反應，並且誇張地強調自己是多麼有價值的存在。

只是問他們一個單純的問題：「找工作順利嗎？」

「當然，有許多公司都想要我，我正在從中挑選最好的。你也知道吧，我畢業於頂尖大學，也去國外留學過，我的條件非常完美。即使最後找不到喜歡的公司也沒關係，我可以自行創業。我的父母也說不用太擔心。」

如果不這樣拼命解釋的話，過度自我肯定的人就會感到不安。他們強烈渴望向他人透露對於自身能力和人生態度的自豪感，必要的時候，連父母的財富也沾沾自喜。麥克．肯尼斯教授認為如果是這種自尊心，還不如沒有自尊心。

還有一種類型會讓高自尊成為問題，那就是我們常常聽到的「自戀」，嚴重深陷於自我陶醉的人。對於自我陶醉的人來說，不管別人說什麼或做什麼，他們都相信自己比任何人還要更加卓越，是最接近完美的人。他們會在腦中不斷地製造出證據。然而，這些人其實都是內心煎熬的人，他們為了證明自己比別人更有魅力或人氣更旺，必須不停用盡全力苦撐著，而這樣的人生只會越活越辛苦。

更有研究指出高自尊人的工作能力反而低下。《深度洞察力》（*Insight*）的作者，也是心理學家塔莎．歐里希（Tasha Eurich）說：「有許多研究結果指出高自尊的人，工作成就感反而低。」他們不需要上司或同事的認同。因為太過自信滿滿，所以沒意識到要使別人得到滿足或是證明自己的價值，這種傾向會使他們不把工作當作一回事。

低自尊不是致命的疾病

結論很簡單。低自尊的人很多，但即使自尊有點低也不會成為決定人生發展好壞的致命關鍵。

我們都必須擁抱受傷的自尊心活著。提高自尊心和掌握更尊重自己的方法都是有意義的事情，但這並不是說低自尊就是令人受挫的特質。看看自己周圍的人，低自尊的人真的看起來過得很不幸嗎？他們真的就沒有閃閃發光的地方嗎？如果用疾病來比喻，低自尊不是影響到性命的可怕疾病，而是類似慢性鼻炎。由於慢性這個特質，所以難以馬上根除，但即使會感到難受，只要習慣之後也是可以忍耐的程度。如果期待通過幾個魔法般的祕訣，就可以一下子提高自尊心，完全是一種錯覺。

美國社交問答網站 Quora 曾提出有關自尊心的問題，引發了專家們的激烈討論。其中心理學家史提夫・德伯里（Steve DeBerry）提出了有趣的主張，他認為「自尊心這個概念被濫用了」。他指出當面對複雜的心理問題時，如果要誤導大眾可以通過一次治療就完全克服時，會使用的概念就是「自尊心」。

在這裡引用他的有趣比喻，摘要如下：

當汽車油箱低於標準時，我們會說：「請加滿油。」當氣球越來越扁時，我們會說：「請補充氦氣。」如果自尊心也像油或氦氣一樣可以輕易被加滿，那世界上的所有問題好像都可以被解決。可是，自尊心無法像在加油站加油那樣簡單地被加滿。

但是低自尊並不表示就是劣等的存在。相信自尊心可以決定人生品質高低是一種錯覺。即使自尊心很低，也可以過得很幸福。

雖然說不一定非要提高自尊心不可，但是給自我價值過低的評價也會成為問題。如果一定要聽到別人的稱讚才會感到安心和產生自信的話，那就是不相信自己的表現。還有像是不停問情人「你真的愛我嗎？」，或是在行為上表現出「我有被愛的資格嗎？」的自我懷疑。私底下嚴格批判自己的人，聽到他人稍微輕率的評論，就會馬上認為對方在攻擊或侮辱自己。

即使自身有缺點，也不能成為不信任自己的理由。聽到別人的批判時，當然會感到受傷，但如果希望可以正確的理解到那不是侮辱而是意見，就特別需要「信任自己的心」。

Self Talk

「我好像無法正常地談戀愛。」

「為什麼？」

「因為我的自尊心很低。我認為自己好像無足輕重，連我自己都認為自己不重要的話，還有誰會愛我呢？」

「如果要擁有完整的自尊心才能談戀愛，人類應該會滅絕吧。」

「你說什麼？」

「必須擁有完整的自尊心才能夠談戀愛、結婚生子的話，那世界上沒有人能夠結婚。不論是誰，自尊心都是不完整的。用不完整的樣子談不完整的戀愛，是極為正常的事。」

「但是自尊心很低，談戀愛時會成為問題吧？」

「是有可能。可是世界上存在著沒有任何問題的關係嗎？應該沒有吧。不管自尊心多低，我們還是有能力慢慢地解決自己的問題。只要一邊維持關係，一邊解決彼此碰撞出的問題，就可以了。」

Self Test

04 我的自尊心有幾分？

你認為自己是非常重要的存在嗎？世上測量自尊心的方法多達數百種，在此介紹一個簡單測試。回答問題時不需要思考太多，直覺的回答就好。勾選「總是」較多的人，表示需要多練習相信自己。

題目	總是	有時是	完全不是
我討厭自己。			
我沒有擅長的事情。			
沒有一間公司要我。			
在餐廳點餐時，我會附和別人的意見。			
生氣的時候，我會先隱忍，直到忍不住時才爆發出來。			
有人批評我的時候，我的內心會相當激動。			

題目	總是	有時是	完全不是
我會清楚地記住誰指出我的錯誤，對我說了哪些話。			
如果我消失的話，對家人來說應該是好事。			
我會每天問另一半愛不愛我。			
我擔心被討厭，總是逃避爭論。			
我覺得大家總是特別觀察並批判我的言行。			
我的缺點比優點多。			
我常常拖延重要的事情。			
在我睡前會一直回想令我後悔的事情。			
我對小時候犯下的錯誤記憶深刻。			
有許多人討厭我。			
我討厭看起來愚蠢的自己。			
我經常因為過去的記憶而生氣。			
如果沒有得到別人的稱讚，我會感到焦慮。			
我總是擔憂著一些事。			

20 不需要對別人的心情負責

我常常聽到別人對我的評價是「讓人心情愉快」。不論何時，比起自己的慾望，我都會優先回應朋友或同事的期待。我會用心觀察別人的心情，並給予關懷。在知道別人的生日之後，我會記得傳電子商品禮卷或簡訊祝賀。當別人感到開心時，我真的覺得很幸福；相反地，如果我無法使別人感到愉快時，就會馬上很鬱悶。在一個人獨處時，我會感覺自己就像打了敗仗或罪人似的，內心充滿憂鬱和不安。

讓人心情愉快是好事嗎？努力讓周遭人開心的人是好人嗎？當然，答案都是肯定的，但是做得太多時，可能反而讓自己變的鬱悶。過分重視他人是否開心的行為，會給自己帶來不幸。

必須看到別人開心才會安心或心情才會好的人，非常有可能是因為幼兒時期常常感到不安，沒有得到安穩的愛。孩子如果遇到情緒起伏嚴重的父母，會時時刻刻擔心自己被討厭，這種不安感使得孩子每一刻都在努力想讓父母開心。看到媽媽的笑容時，就會去撒嬌；即使不喜歡父母的安排，也會默默地順從。

成人總習慣對孩子們強調「你要好好聽話」。其實以教育的角度來看並沒有一定要這樣做的論點。孩子也有自己的慾望和想法，也可以做出違背成人期待的行為。況且，即使是成年人也不一定說的總是很正確。即使如此，當孩子做出不符合自己期待的行為時，就會被認為是「壞孩子」。孩子們很自然相信了這個說法。如果不聽從父母的指示，父母就會不開心，也就不會愛自己，因此孩子們為了得到父母的愛，都會乖乖聽話，最終造成的結果是成功催眠孩子相信「大人說的話是正確的，我的想法是錯誤的」。

「要乖乖聽大人的話！」這句話也可以視為：

「你要無條件的服從。」

「你的想法不重要。」

認定幸福來自「父母感到開心」的孩子長大之後，就會開始尋找其他對象，通過讓朋友、老師、同事等人的心情愉快來追求幸福。他們會把別人的開心當成自己的義務。一旦如此，當別人無法開心時，自己就會感到罪惡感，掉進陷阱。

無法說「No」時，「我」就會消失

把別人的開心視為首要條件時，就會伴隨著許多犧牲。首先，「No」這個單詞就會從自己的字典中消失。不僅認為拒絕會使對方受傷，甚至認定如果使對方生氣或失望，對方說不定會永遠離開自己。這對他們來說是非常可怕的事情，因此就會快速選擇贊同來代替「No」這個詞。對強迫自己一定要讓別人心情愉快的人來說，「Yes」是反射性的行為，而相反的單詞都是極度危險的話。

這類型的人已經習慣壓抑自己的想法和慾望了，他們不會透露出自己的期待，也會深深隱藏自己的判斷和情緒。在健康的關係中，彼此說出各自的想法、心情以及期待之後，會經歷一個協調的過程。然而，有不少人害怕協調。他們就像跟情緒起伏嚴重的父母一起生活的小孩，通過察言觀色和順從聽話來努力讓別人感到滿意。儘管對無法說出自己的意見感到煩悶，但他們會認為這是為了得到愛而不得不做的事情。

將「他人的開心」視為最重要的事情，結果就是會讓「自己」消失。自己的存在變得不重要，不論對誰來說都是痛苦的事情，但卻又無法擺脫這種觀念，是因為孩子在成長過程中需要父母的照顧，這有點像是一種生存戰略。可是成年之後，就不需要這種戰略了。我們不需要對他人的心情負責，同時我們也無法控制他人的心情。

會把別人的開心放在優先順位的人，會無意識的認為別人的情感是自己的責任，因此當有人感到傷心或生氣時，就會馬上產生必須讓對方開心的責任感。於是，他們竭盡全力取悅對方，講笑話或安慰的話語。即使會讓自己疲累不堪，也不覺得是現在最該處理的問題。

每個人的情緒，是每個人自己負責的。不論是傷心、生氣或寂寞等，嚴格來說所有情感都是自己要處理的問題。這並不是說要對他人的心情置之不理。當情人感到痛苦時，為了幫助他紓解心情而安慰和鼓勵，當然是對的行為，朋友和家人也是如此。然而，我們必須要意識到，不管怎樣，當事人才是最終的負責人。換句話說，當我們給予安慰和鼓舞之後，就算對方心情依然很糟，我們並不需要因此感到挫敗或被罪惡感包圍。

我們面對自己的心情也是如此。面對他人的無禮或挑撥離間時，如果沒有意識到「自己是自己情緒的主人」，就會把內心受傷的所有責任推到他人身上。這樣一來，就不可能像一個成熟大人般解決事情。**該為我們情緒負責的人是自己，同理，他人的情緒也是如此，我們沒有義務要為他人的情緒負責。**

控制人心的超能力者？

渴望討好他人的人的第二個錯覺，是相信自己可以控制人心。毋庸置疑，我們可以鼓舞疲累的友人、安慰和鼓勵犯錯的同事，給周圍的人帶來力量，這些都是維持友好關係的方法。但不論是多麼好的行為，想要改變對方的情緒都是有局限的。幫痛苦的朋友加油打氣之後，也不能保證朋友的心情可以馬上復原；安慰傷心的同事之後，也不可能在傾訴所有苦水之後立刻振作起來。就連父母也無法控制孩子的心情，更何況是一個完全沒有血緣關係的別人，我們怎麼可能統統理解並幫助他們重新開心起來呢？面對他人的心情時，我們是完全無能力的存在，因為心情不是可以被控制和操縱的領域。

每個人情緒的最終負責人是本人，我們也無法控制他人的心情，但是我們可以做些什麼呢？首先，只要遵守現有的禮節就可以了。用禮貌、坦誠、誠懇的態度，言行舉止都慎重和正確就夠了。如果自己的行為堂堂正正，就沒有理由去觀察其他人是否不愉快了。

最後，還要誠實面對自己的內心。當我們誠實說出討厭的事情時，天不會因此而倒塌。也不需要害怕對方會因此不愉快，我們需要練習誠實面對自己的主張和情感。即使因為自己的行為讓某人不開心，或是討厭你了，這也不是你的責任。如果總是害怕這些後果而隱藏自己的情感，那彼此永遠不可能有澈底的溝通。

Self Talk

「週末要看電影嗎？」

「好呀。」

「你來訂電影票嗎？」

「當然可以。」

「錢也給你付嗎？」

「好吧。」

「開玩笑的啦。你為什麼都說好？」

「啊，我擔心你會討厭我。」

「不用擔心。不會有人因為你說『不』就討厭你。因為你是好人。」

「知道是知道，但是我還是很害怕說不。」

「我可以理解。之前我也是如此。不過自從我改掉這個習慣之後，變得舒坦多了。你可以練習看看，練習說『對不起，這樣我很為難』的話，大家都能夠理解；或是『我也很想幫忙，但有些情況可能沒辦法』，就可以把自己的意思傳遞出去了。你偶爾也要乾脆地拒絕別人，這是保護和照顧自己的方法。」

21 原諒可以克服痛苦

我是被全世界唾棄的重罪犯。我被誣陷誘殺兒童，在監獄內渡過了十三年的歲月。事實上，真正的罪犯是另外一個人，那個人是白老師。我人生的目的就是報復白老師。最後，我總算完成了復仇。我還把這個復仇機會做為禮物，送給因為白老師而犧牲了的孩子們的家人們。他總算被埋在土裡了。這就是我十三年來夢想的復仇。

這是電影《親切的金子》（*Sympathy for Lady Vengeance*）的故事。電影界在某段時間曾大量出現「復仇」的題材，大部分都是有許多令人毛骨悚然場面的恐怖片。復仇電影討論熱度高，也相當賣座，由此也反應出許多人對「復仇心」慾望擁有強烈的感覺。

不論是誰都應該曾經有過「那個人欺負我」、「那個人打算害我」等想法，由於認為別人打算污辱自己的名譽以及剝奪自己的機會，進而引發「我要進行復仇」的慾望。雖說大多數人只是想像而已，並不會實際去做，但在看那些復仇成功的電影時，會有種既驚心動魄又大快人心的快感。某人給自己帶來了傷害，當自己殘酷地懲罰對方後，彷彿就可以從過去的枷鎖中解脫出來。

像電影主角那樣去復仇的話，真的可以得到幸福嗎？如果說復仇的動機是為了得到完整的幸福，復仇真的有意義嗎？

復仇只會帶來更大的不幸

美國心理學家丹尼爾．吉伯特（Daniel Gilbert）曾發表一篇有關人類復仇心的有趣論文，論文的標題是〈復仇的悖論後果〉（*The Paradoxical Consequences of Revenge*），要傳達的意思是「執行復仇後，會產生無法用論理來說明的矛盾結果」。

論文中說明通常人完成復仇之後，不但沒有擺脫過去，反而會更常回想到過去的種種。假設有人誹謗了你，你用以牙還牙的方式進行了報復。或許那一瞬間會感到痛快。因為這是件開心的事情，大腦會常常回想，讓這段記憶無限地重複，自然而然地，誹謗自己的那個人也常常出現在腦海中。為了一瞬間快感而進行的復仇，卻讓自己更強烈地記住那個傷害自己的人。這樣做對幸福真的有幫助嗎？

而且，通過惡來懲罰惡的時候，只會讓自己成為惡人，進而產生負罪感。《親切的金子》的主角最後也變成了長久以來憎恨的白老師那樣的殺人犯。

簡單來說，復仇只會讓我們更加記住那個給自己帶來創傷的人，反而讓我們多了一個無法走出痛苦記憶的理由。復仇反而帶來更大的痛苦。

當你放棄想要復仇想法的瞬間，腦中也會開始慢慢放下對那個人的想法。執著於過去的人，是無法往前進的。放下執著，才能獲得意想不到的補償。

罪犯當然要依循法律的途徑，領受應得的懲罰，但是我們在日常生活感受到的「小小復仇心」是另外一個問題。比起明確的犯罪，其實我們更常遇到的是不太確定能否通過法律懲處的污辱或霸凌，這時候自然會產生報復心態。但是為了能夠獲得幸福，我們必須練習忘記這些事情。

「憤怒地想報復某人時，就像手上握著燙手的煤炭。先被燒傷的人是自己。」

這句佛陀的名言常常被引用。產生復仇心時，只有自己感到痛苦，而且沒人可以保證成功復仇之後，就能夠得到幸福。可以讓我們變得幸福的路只有一條，那就是「原諒」。不需要咬緊牙關，也不要握緊拳頭，原諒那個給自己帶來傷害的人和自身的命運，唯有這樣才能夠使自己從痛苦中獲得解脫。

在憎恨和原諒中做出選擇

美國人格雷戈里・布萊特（Gregory Bright）就是原諒的典範。他是新奧爾良人，在一九七四年因殺人罪被捕，那年他才二十歲。即使他竭力主張自己無罪，還是被判處無期徒刑。他在監獄內被關了二十七年，最後才獲得無罪審判。

格雷戈里・布萊特沒有犯下任何罪行，卻在監獄內被關了快三十年，他的心情會是如何呢？一定是充滿了憎恨、憤怒和復仇心吧？他一開始當然也感到無比憤怒，但最後選擇了原諒所有一切。他原諒了讓自己背黑鍋的人們，也原諒了這個世界和命運。

他事後回憶說：「當我感到最痛苦的時候，才開始原諒。」

在雜誌的訪談中，他回想起最痛苦的時候，自己是怎麼安慰自己：

為了克服痛苦，我必須戰鬥。我必須集中注意力。我必須做出決定。當然我也可以心中充滿憎恨地渡過一生，但是只有原諒別人才能夠終止憎恨。選擇在於自己。

他認為自己的母親或許會對自己說這些話，因此他選擇了不憎恨而是原諒。原諒，是為了找回自己內心平靜的選擇。如果持續抱持著復仇的心，那他即使出獄了，依然過著牢獄般的生活。不僅健康會惡化、壽命會縮短，精神也會崩潰。

除了那些理所應當通過法律懲處的情況之外，日常生活中的小小復仇心的解決方法，只有原諒。專家們一致認為只有放下憎恨，原諒那些事情和人的想法才能夠帶來平和。

美國心理學家羅伯．恩萊特教授（Robert Enright）指出原諒有四個階段，可以為我們帶來平靜。

❶ 領悟的階段

這個階段是覺察到在不公平的世界，我們是如何遭受痛苦，同時那些累積而來的憤怒又是怎樣具體地給我們帶來傷害。

❷ 決定的階段

接受「憤怒不是解決方法」這個事實。我們經過深思熟慮之後，要判斷現在感受的痛苦能否讓人生往更美好的方向發展。這是決定要不要原諒的階段。

❸ 原諒的階段

準備和摸索原諒的階段。用更寬廣的角度重新看待那些傷害自己的人的行為，並盡可能去理解。當憤怒和敵對感減少時，內心就會慢慢獲得平靜。

❹ 理解的階段

假如對世界的不公平產生的憤怒能平靜下來，痛苦就會獲得治療。原諒對方，反而是對自己有益的行為，同時對自己和人生也會有更深層的理解。

不論是誰，遇到鬱悶的事情時，都會感到痛苦，進而產生嚴重的復仇心。持續性的痛苦會引領我們站在抉擇的十字路口上，接下來是要持續感受痛苦或進行復仇呢？還是選擇原諒呢？

選擇原諒，內心就會感受到平和。但這並不是為了他人選擇的路，原諒會為自己本身帶來幸福，寬容大度的心態也會獲得補償。那麼，有什麼具體方法可以原諒和忘記過去的事情嗎？

美國心理學家約翰．格羅爾（John M. Grohol）在心理諮詢網站Psych Central上提出對實施原諒有所幫助的五個步驟：

❶ 下定決心忘記過去的不好回憶

雖然過去的記憶並不是想忘記就可以澈底忘記，但是「決心要忘記」的想法非常重要。當清楚地意識到自己決心要忘記和原諒時，才有可能成長到下一個階段。

❷ 把現在感受到的痛苦鉅細靡遺地表達出來

將自己因為那個事件受到怎樣的傷害、現在的心情如何，以及有沒有產生報復心等記錄下來，也可以告訴親近的人。

❸ 放下自己是犧牲者的想法

當被某人惡意傷害或遭受損害時，認為自己是「被害者、犧牲者」是很自然的反應。但是我們也有好好照顧自己的責任，我們必須自我安慰那個「受傷的我」，然後忘記被傷害的記憶，往全新開始的方向前進。

❹ 努力活在當下

注意「現在、這裡」正在發生的事情。只要活在當下，回想「過去、那裡發生的事」的時間就會減少。過去的傷痛也會有意識被慢慢推遠。

❺ 原諒

原諒的意思並不是正當化對方給自己帶來傷害的行為，而是決定放棄因為事件而產生的憤怒和復仇心，這才是原諒。這個決定可以擺脫沉重的心情，讓內心重新注入全新的幸福和喜悅。

「我到現在還無法原諒背叛我而離開的他。」

「你到現在還恨他嗎？」

「嗯，恨到無法呼吸，我有時候會強烈希望他遭受不幸，像是被裁員或是遇到跟他一樣壞的人，讓他也嚐嚐被背叛的滋味。」

「你也會想報復嗎？」

「我每天都哭。可能的話，我想把自己遭受的痛苦十倍奉還給他。」

「你一直這樣想的話，只是讓自己痛苦而已。復仇只會帶來後悔。」

「可是我無法不憤怒。我該怎麼辦？」

「把怨恨的力氣分一點出來，用在原諒上。要你原諒，不是代表他的行為是正確的，而是要你放下憎恨的心，才能慢慢減少憎惡心帶給你的傷害。原諒，就像是拔除那根刺痛你心臟的針。」

22 「理想的自己」是不現實的幻想

我想成為更好的人。但是我身上有許多不足。做事時，我無法付百分之百的努力；面對身邊的人，也無法完全理解和照顧。我何時才能成為更好的人呢？我夢想自己能夠成為理想中的自己。我要持續忍耐和努力，直到夢想成真。

乍看之下，以上這段看起來像是一位善良、謙遜的人的真心話。可是從另外一個角度來解讀的話，這是習以為常的反省文，下定決心要做的內容也極為老套。

從這段文字中，可以看出「我」下定決心想要成為更理想的人，但「現實中的我」是各方面不夠好的存在。可是，現在的自己可能已經是最棒的自己了，也就是說，如果已經達到自己可以做到的最佳程度，那麼，喜歡現在自己的樣子，不是更加正確的做法嗎？「理想我」說不定是一個永遠無法達成的目標。

《管他的》（*The Subtle art of Not Giving a F*ck*）的作者馬克．曼森（Mark Manson）在自己的網站上提出一個有趣的主張：

跑完全馬比吃巧克力蛋糕讓我們感覺更幸福。養育子女也比在電動遊戲中獲勝讓我們感覺更幸福。跟朋友們創業一間小公司也比買一臺新電腦讓我們感覺更幸福。

這是多麼有魅力的一段話。由此可以看出，設定艱難的長期目標後，可以在達成目標的過程中找到幸福。在此，我想把馬克．曼森的話總結為「成為理想我的過程中，能感覺到幸福」。

這也是一段令人感動的話。在遊戲中獲得勝利的喜悅感，無法跟養育子女獲得的幸福相提並論，相對地，過程中所體會到的痛苦也不大相同。雖然跑完全馬會給我們帶來比吃巧克力蛋糕更大的幸福感，但是跑完全馬的瞬間非常痛苦，感覺像是就要死去。養育子女當然也比打一場遊戲難上千倍萬倍。幫小孩洗澡、餵食、教育等，這些繁瑣的事情一做就是長達二十年以上，同時還要花許多錢。況且，跑馬拉松是有終點的，可是養育子女並沒有終點。父母親一生擔憂子女的各種事情，甚至直到臨終之前，還會對子女感到抱歉和後悔。或許就是身為父母的宿命吧。

跟朋友們創業也是非常困難的事情。即使規模不大，也有很高的失敗機率。一旦創業失敗，不只是朋友和投資者們，也會影響到家人。一臺新電腦只要分期付款就可以帶回家，但創業失敗所負擔的損失可不只一臺電腦的價錢。

理想我不是「真正的我」

理想我（ideal self）的概念在全世界廣為流傳，但我認為這個概念反而讓我們的人生變得更加不幸。理想我是愛自己的敵人。理想我會讓我們永遠無法愛自己。

首先，這個概念的前提是「失敗的我是不夠好的、醜陋的」、「為了成為理想中的我，我要更加努力」，乍看是相當棒的覺悟，但同時也隱含了否定現在的自己的意思。想要改變「現在的自己」的告誡，也是不能好好享受做「現在的自己」的告誡。也就是說，如果愛上現在的自己，就會變得不幸。

「現在的我」並不是醜陋或是有害的存在。雖然有些地方不夠好，但就如同在街道上漫步的貓咪和隨風搖擺的樹枝那樣美好動人，現在的我們也是可愛美麗的存在。認為自己比其他生命高等是傲慢，但是也完全沒有理由自認為比其他生命體低等。現在的我們跟所有生命一樣都是值得被愛的存在。「理想我」的概念卻是在否認這個事實。

人人都有卑劣和醜陋的權利

理想我是永遠不存在的，而追求一個不存在的目標對人生沒有任何益處。如果問任何一個人：「你已經成為『理想的自己』了嗎？」有人會給予肯定的答案嗎？應該沒有人會這麼回答吧，因為就連世界首富、政治人物、備受尊重的博愛主義者也無法自信滿滿地回答「是的」。

理想我是只存在腦中的虛構概念而已，就像獨角獸或天使等這些想像出來的產物，永遠無法看見和碰觸。更大的問題是理想我不是每個人根據理性和選擇創造出來的形象，表面上好像是自己決定想要變成那個樣子，其實很多都是受社會規範和傳統價值觀影響而塑造出來的形象。因此這種根本不存在的虛構產物，加上不是由自己，而是他人制定出來的目標，當然更加難以達成。

執著一個永遠無法達成的目標，會讓我們無時不刻被痛苦折磨著，時時刻刻感受無法達成目標的失敗感。這樣一來，人生只會充滿對自己的失望感。

「理想我」不是「真實我」，我們無法成為理想我。這並不是在否定成長和努力的價值。我們當然需要努力成為更好的自己，只是也要接受極有可能無法成為更好的自己這個事實。就算無法成為更好的自己，也不是世界末日。

所有人類都有卑劣和醜陋的權利。早上起床後，站在鏡子面前看看自己。你可能看到自己頭髮凌亂、臉也有點腫，但是我們絕對不能否定這個樣子。只要愛這些樣子，然後認真尋找，就會發現許多有魅力的地方。雖然眼睛有點發腫，但就像洋娃娃的眼睛那樣可愛。被壓扁的頭髮，看起來也有一種不做作的美。練習把自己看成美麗的人，滿意現在的自己，同時慢慢地努力改善就夠了。

「怎樣才能夠變成『理想我』呢？」這句話也可以視為：

「怎樣才能夠改變我現在這個煩人的模樣呢？」
「有什麼方法可以討厭和否定自己嗎？」

因此，如果你真的想要變得更好，可以這樣思考：

我要怎樣做才能變得比現在更不錯呢？

你正在慢慢變得更好，因此你並不需要遠大而不現實的目標。而且，目光總是望向未來，反而會成為真正了解現在的自己的絆腳石。**我們要更「固執」的愛自己，更「固執」的對自己感到滿意和稱讚自己**。保持輕鬆愉快的心情，可以讓我們走得更遠。

Self Talk

「我為什麼連這種小事也如此搖擺不定呢？我太軟弱了，心胸也不寬大，而且常常犯錯，每次都把事情搞砸。我想成為更加成熟的人。」

「只要慢慢累積經驗，人自然而然就會變得成熟。」

「我到底何時能夠成為成熟的人呢？」

「大概三百歲的時候吧？」

「你在開什麼玩笑？」

「對呀，沒有人可以活到三百歲吧。我的意思是『沒有人可以成為完全成熟的人』。所有人都會不斷地犯錯、後悔和害怕。」

「你認為變得成熟是不可能的事情，會不會太悲觀了？」

「不，我認為這反而是樂觀。你想想看，人類都是不成熟的存在，因此我們不得不接受不成熟是人類共通的命運。一旦這樣想，會不會覺得應該溫柔地擁抱現在這個不夠好的自己，也能更喜歡自己呢？」

23 過度的愛是毒藥

少女雙手各拿著一顆蘋果。媽媽問她：「可以給我一個嗎？」少女稍微思考之後，咬了一口右邊的蘋果。她看著媽媽的眼睛，咀嚼之後吞下去，然後又快速地咬一口左邊的蘋果。

看到這一幕的媽媽感到極度失望，心想：「原來我的孩子這麼自私。」

就在這時，少女笑著對媽媽伸出左手，說道：「媽媽，請吃這顆。這顆比較甜。」

這則故事在西方國家流傳甚廣，經常被引用來說明童心的美麗無瑕。天真純潔的孩子們單純的言行舉止，有時候會讓成年人感到羞愧。現實生活中也常常發生。

如果用其他角度來看這個故事的話，還能夠獲得不同的教訓。媽媽看到女兒的反應之後，自己產生了離譜的誤會和擔憂，就像我們折磨自己的方式。女兒其實是想給媽媽更美味的蘋果，但是媽媽卻誤以為女兒是自私的小孩——我們不也總是這樣，對自己和人生產生毫無根據的擔憂。

對自己的擔心是幻想

媽媽看著女兒把兩顆蘋果都咬一口時，不知所措地認為：「原來我的孩子這麼自私。」這種挫折常常會演變成自我責備，認為「我沒有把孩子教好」。幸好這個故事裡的媽媽沒有馬上把這個心思展現出來。萬一媽媽當面對女兒說出：「妳真的很自私。我對妳非常失望。」會變成怎樣呢？

女兒內心一定很受傷，可能會將雙手的蘋果扔掉，邊哭邊跑回房間，然後一輩子都記得這個傷痛。如果演變成這樣，那將會一場非常令人惋惜的誤會。

事實上孩子並不自私，媽媽也不需要自責，也不需要進一步擔心女兒的社交能力。也就是說，媽媽的擔心都只是幻想。

我們也是如此，**我們對自己的大多數擔心都是幻想**。

我們總是擔憂著：「說不定我的人生很失敗。」「我一定又會犯錯。」「我真是沒有能力，各方面都不夠好的人。」

這些擔憂跟媽媽的擔心都是一樣的，只是幻想和錯覺而已。人們在擔心的時候總是會誇大事實。明明只是一個小過失，但卻能虛構成極為嚴重的大事件。或是說錯一句話而已，卻絞盡腦汁幻想會引起巨大的騷動。

「我居然說了那種傻話，真的太糊塗了。」這樣的人總會往負面想，並認為一定會往最糟糕的事態發展。

「不太愛」也是一個方法

為什麼我們總是對自己產生負面的想法呢？為什麼我們會誇大錯誤和過度懊悔呢？雖然每個人有自己的理由，但「太過愛自己」也是原因之一。因為太過愛自己，所以才會過度擔心，結果演變成白費力氣的擔憂。

媽媽一定很愛女兒。正是因為愛太深，才會總是擔憂自己是不是沒有把女兒教好，一旦發現一個不好的徵兆，就急著確認。如果認為自己在養育女兒上是失敗的，就會馬上鞭策自己。因為太愛了，才會太過擔心；因為太過擔心，才會產生毫無根據的擔心。

同樣的，如果想真心愛自己，就不要愛得太超過。我們必須懂得放下和信任，要相信自己可以做得很好。過度的愛和擔憂只會演變成自我折磨。

我們對自己的擔憂大部分都是從誤會產生的幻想。媽媽必須這樣對自己說：

「我對女兒的擔心大部分是幻想。」

「愛女兒愛得太過度的話，就會太過擔心。」

「我女兒一定會過得很幸福。我要相信她。」

對我們來說，需要的是把「女兒」改成「我」：

「我對自己的擔心大部分是幻想。」

「愛自己愛得太過度的話，就會太過擔心。」

「我一定會過得很幸福。我要相信自己。」

當少女突然把蘋果拿給媽媽時，讓媽媽相當感動。我們也可以把意想不到的感動做為禮物送給自己。

美國心理學家艾瑪・賽普拉（Emma Seppala）提出以下重要觀點：

憂鬱症和不安會讓我們把注意力更加放在自己身上，也就是說，我們會熱中使用「我會……」、「我自己……」、「我是……」這些話。

這是相當精準的描述。因憂鬱症和不安而感到痛苦的人，總是使用「我」這個主語來思考世間一切事物，並固執地提出各種問題。

「我為什麼會這樣？」

「我沒有活著的價值嗎？」

「我是不是過得很不幸呢？」
「我是不是犯錯了？」
「我值得被愛嗎？」
「我是不是被無視了？」
「我會被怎樣看待？」

他們不停地苦惱自己有哪些問題，或有沒有被愛的價值，而他們得出的主要都是負面的答案，因此就會感覺更憂鬱和不安。如果你是常常被憂鬱和不安折磨的人，必須有意識地讓自己從過度關注自己的狀態中走出來。艾瑪．賽普拉認為「跟他人溝通」在這時候非常有用。

感覺很鬱悶的時候，就馬上打電話給親近的友人或家人。由於你想得到及時的幫忙才打這通電話，當對方用心給予幫助時，你的心情會變好，也能擺脫鬱悶。因為知道有人願意幫助自己，就會產生正能量。你面對事情的態度會變得更樂觀，也能夠從客觀角度看待自己的問題。

跟他人溝通的好處在於，當對方伸出援手、跟自己一起思考問題時，我就能擺脫對「我的問題」一味擔心卻不知道該如何是好的負能量，轉化成幫助他人的正能量。把深陷擔憂的自己當成朋友來看待，就像鼓勵朋友一切都會變好，自己對自己也要像站在身後的朋友那樣支持自己。不論發生什麼事情，只要相信自己可以克服和成長就足夠了。面對愛和關心時，都要放下過度的執著。

第五章

對細膩敏感的我說

照顧的話語

24 你對自己說的話，會成為你的未來

「鏡子呀，鏡子呀，誰是這個世界上最美麗的人？」

「皇后，是您。您是這個世界上最美的人。」

聽了鏡子的回答之後，皇后的心情相當愉悅。

但是當白雪公主長大之後，鏡子的回答就不一樣了。皇后也因憤怒失去了理性，渡過許多苦惱的夜晚。

我們的心中也有面皇后的鏡子。有些話會讓我感到開心，也有些話會讓我感到痛苦。那些話在腦中不停放送，我們只是沒有意識到而已——「我對自己說的話」從來沒有停止過。

我曾經對快速閃過自己腦中的話語進行分析，也跟周圍願意分享內心話的人一起觀察

這些話語。我發現自己對自己說的話（Self talk），可以分成兩類：「帶來愉快的話」和「帶來痛苦的話」，前者會使自己敞開心胸，後者則會封閉自己。接下來，我們具體來比較看看。

讓自己開心的自我對話

懂得愛自己的人也懂得對自己說溫柔的話。當我們的心靈被帶刺的言語傷害時，「讓自己開心的話」可以保護我們。讓我們來練習看看。

❶「真的是那樣嗎？」

就像之前說過的，我們的大腦會不停製造不安和擔憂，總是憂慮好像要發生不好的事情。大腦會說「我完蛋了」並輕易地感到挫折，也會說「大家應該都在罵我」來製造恐懼。每當這個時候，就對自己提出這個問題，效果非常好。

「我感覺要完蛋了。真的是那樣嗎？」
「大家應該都在罵我。真的是那樣嗎？」

當你感到負能量和不安時，馬上對自己說這句話。負面想法開始冒出來的瞬間，透過這個問題，如法官般判斷那些想法是否為真實，或只是從過度悲觀中產生的無用擔憂。當內心被這些想法折磨時，自己要變成第三者打斷這些想法，從客觀的角度看事情是很有幫助的。

❷「是不是有什麼原因？」

當我們看到無法理解的情況時，容易邊嘆氣邊脫口而出：「為什麼會那樣呢？真的是無法理解。」

這句話包含了「那是不能做的錯誤行為」的價值判斷，當然也包含了責備。事實上說出這句話之後，只會讓自己覺得煩悶，這時候可以改成下面的表達：

「他為什麼會對我說出那種話呢？雖然不知道為何，那一定有什麼原因。」

「他為什麼會那樣做呢？雖然不知道為何，但一定是有遇到什麼事，他才會做出那樣的行為。」

「有什麼原因」這個想法中有一顆尊重他人的心，也就是相信人有做出合理言行舉止的能力。這個表達習慣可以改善自己輕易責備和評論別人的態度，也可以減少自己「煩死了」或「無法理解」等負能量的散發，還可以防止情緒疲勞。

當我們想「一定有什麼原因」，就會自然地慢慢減少對事件的關心。看事情的方向會從「那個過分的人」轉到「我」，情緒也集中到「我的問題」、「我的事情」、「我的意識」。這也是愛自己的方法。關心自己和專注自己的事情是自我照顧（Self Care）的基本。事實上，以責備的角度觀察其他人的言行舉止並追根究底的行為需要巨大的能量，不要把能量浪費在這種無價值的事情上。如果遇到實在無法理解的事情，心想「應該有什麼原因」之後就要放下。

❸「這樣就可以了。」

我們不管獲得多大的成就，都會認為還不夠，因為滿足現狀被視為罪惡，所以必須要獲得更多的成就。為了獲得更大的成就、更厲害的成果，必須不停地工作和學習，絕對不可以對自己已經完成的成果感到自豪和滿足。我們從小就被養育成不懂得滿足的貪心鬼，而貪心鬼的悲劇就是討厭自己。不論何時，他們都會認為自己無能或是不夠努力，無時無刻地督促自己。如果想從這個獲得更多的貪慾中逃脫出來，請反覆對自己說以下的話：

「我今天真的做了很多事情了。這樣就可以了。」
「我已經做的很棒了。今天這樣就夠了。」

這些都是正面評價自己成就的話，可以讓我們擺脫不安，並讓我們自發性地產生勇氣。每個人都因為自己的事情忙碌不已，所以自己要懂得安慰自己。當我們對自己說「這樣就夠了，現在可以放輕鬆休息了」，就可以讓自己感到安心。

❹「那又如何？」

沒有人不會遇到失敗，可能是考不上頂尖大學，或是無法進入喜歡的公司上班。絕大多數人都想要的成就如變得有錢、有名等，無法實現的人基本上占了大多數，但我們完全沒必要因此感到慚愧或膽怯。請像這樣對自己說：

「我的英語很爛。但是那又如何？」
「我長得不夠漂亮。那又如何？」
「我很容易感到害羞。但那又如何？根本沒差。」

比起學歷或經濟能力、外貌等更重要的是「幸福」。**追求幸福、感受幸福並培養幸福感是一種能力**。我們必須明確了解到，即使無法擁有世間所推崇的好條件，也絕對不能損害自己存在的價值。即使沒有很多錢、個頭也有點矮、無法得到想要的工作，但是「我」依然相信自己擁有被愛的資格。

❺「我怎麼可能知道？」

我們很多時候都會犯錯，預測有可能失真，計畫也有可能泡湯。遇到這種情況時，絕對不能責備自己。沒有人能夠完美的預測未來，也沒有完美無缺的預測。本質上，人類就是不斷犯錯的存在。

「這是預料之外的結果。但說實在的，我怎麼可能知道？」

「這次工作不如預想中的順利進行。算了，本來我的想法也是有可能出錯。」

當自己導致別人權益受損時，還厚臉無恥的不認錯確實相當不好，但是太過分的自我責備也是不好的。接受「不論是誰都不可能知道一切」的想法，克服過度自責的習慣。自責這個習慣就像是疾病，它會加重我們對於犯錯的恐懼，失去往前進的力量。相反地，如果想法是「我也是有可能會犯錯」，就會讓我們不懼怕全新的挑戰。

❻「沒關係，有可能會那樣。」

總是自責的人很有可能小時候不常聽到包容或原諒的話語，當覺得自己做出錯誤決定時，就會像別人那樣責備或猛烈數落著自己。如果他們在小時候能常常聽到「沒關係」這句話，該有多好。雖然如今已經成為不太有人對你說這句話的成人了，所以更應該自己說給自己聽。原諒自己的所有錯誤和缺點，並這樣對自己說：

「我喝醉之後，居然發簡訊給前任，實在太丟臉了。但算了，也是有可能發生這種事情。這是別人也很常發生的意外。」

「我明明在減肥，卻還在睡前吃了炸雞。雖然很沮喪，但是沒關係，明天再開始減肥就可以了。」

帶給我痛苦的自我對話

有些口頭禪會傷害自我尊重和自愛。現在重新檢視一下自己是不是太常使用這些話語，並無意識地傷害到自己。

❶「一定是這樣！」

當懷疑自己、極度討厭自己的人確信自己的未來一片黑暗時，就會反覆說這句話：「我這次考試一定會落榜。一定是這樣！」「他才不會打電話給我。一定是這樣！」

但是這個世界上沒有人可以看到「一定是這樣」的未來，也沒有人能夠準確地預測未來，深信不疑「自己的未來很糟糕」本身就是絕對的錯誤。

其實這句話裡包含了深深的不安感，例如考試不及格的不安感、暗戀對象對自己不感興趣的不安感，隱藏在不安下的真正願望是合格和對方主動聯絡自己。

把「一定是這樣」改成「但誰也不知道會怎樣」會比較好。

「我這次考試一定會落榜。一定是這樣！」

→「我這次考試好像考得不好，所以我很不安。但誰也不知道會怎樣，我也有可能合格。」

「他才不會打電話給我。一定是這樣！」

→「他好像不會打電話給我，所以我很不安。但誰也不知道實際情況是如何，他或許覺得我很有魅力也說不定。」

有時候，不好的預言也會決定未來。「絕對不可能」這句話會關上可能性這扇大門，讓人失去熱情和力量，開始討厭任何努力。這樣一來，當然就會降低事情順利解決的可能性。首先要丟棄那個確信「自己的未來很糟糕」的習慣，不管是對自己還是對別人，都要警惕自己不要輕易說出未來只會更糟的這類話語。

❷「我總是／每次／從來沒有……」

你是不是常常會無心地說出「我總是那樣」、「我每次都失敗」、「我從來沒有成功過」等話語？這些都不是謙虛的表達。總是、每次、從來沒有，基本上都是用於負面的表達，但其實都是謊言——因為一個人不可能「總是」，也不可能「每天」失敗。

這些不是「事實的表達」，而是「自虐的表達」。不論是誰、不論何時都會面臨失敗，但我們卻給自己貼上「不論何時都會犯錯的人」這個標籤，就像是自己舉起拳頭重重地給自己的臉一拳。「總是」、「常常」、「每次」等用詞最好改成「這次」、「今天」。

「我總是那樣。」
↓「我這次犯錯了。下次一定會做得更好。」

「我每次都失敗。」
↓「我今天失敗了。明天一定會有不同。」

不要用誇張的話訓斥自己，這些話把一次失敗錯誤歸因成「整個人都是失敗的」，會產生自我厭惡。當然也不可以對別人說這些話，例如「你總是那樣說話」就是傷害對方情感的誇張誣陷。

❸「如果這樣就完了」

有些人擅長威脅自己，他們會恐嚇自己「這件事搞砸的話，真的會完了。」「這次落榜的話，我的人生就完了。」把自己推到懸崖邊，好處是會更加努力，例如花更多時間學習或是減少睡眠時間來工作，但是通過心理施壓而勉強自己的努力是有限度的。

習慣使用這種引發內心恐慌言語的人，不只是對自己說，也會對身邊的人說。例如，用「你這次也不合格的話，真的就大事不妙了，你該怎麼辦？」等言語讓周圍的人開始感到不安，變得膽怯。「完了」等用詞最好改成「努力」。

「這件事搞砸的話，真的會完了。」

↓「我會盡全力把這事情做好。」

「這次落榜的話，我的人生就完了。」

↓「我這次要努力合格。必勝！」

❹「早知道就……」

我們常常會後悔，「早知道就不做了」，可是**後悔是對自己迂迴的攻擊**。深入思考後悔這個習慣後，就會發現後悔會不知不覺地在我們內心植入負罪感。與後悔有關的表達最好改成有邏輯性的表達，不被過去束縛、找出解決問題方法的未來指向性表達，才是對自己有益的表達方式。

「早知道就不做那件事情了。」

↓「但是都已經做了，所以也只能這樣。現在應該想想，怎樣補救才能讓情況變好呢？」

「早知道就不說那句話了。」

↓「站在我的立場，是不得不說那句話的。現在我想解開這個誤會，該怎樣說呢？」

「那時候應該做得更好才對。」

↓「那時候我已經把自己的能力發揮到極限了。我會努力在下一次做得更好。」

❺「大家會怎麼說／想？」

當我們開始在意別人怎樣想的瞬間，人生的主體就從「自己」轉移到「他人」了。我們自己打造了審判臺後，又自己站上去低著頭等著其他人的斥責。

為什麼我們一定要得到別人的好評呢？何況那些人還是對我們不太關心的人。不論是誰的評價，都不能成為我們的問題。只要行為端正，就不會有任何問題。尊重自己的判斷，聽從自己的決定就可以了。實在沒有理由因為那些聽不見的他人評價而感到害怕。

「我失敗的話，別人會怎樣想？」
↓「如果我失敗了，我會非常傷心。我決定要送禮物給自己，讓自己開心起來。」

「如果我通過考試，就會得到別人的稱讚和羨慕，因此我必須努力學習。」
↓「如果我通過了考試，我會是最開心的人。家人們也會送我很棒的禮物。」

Self Talk 是一個習慣，習慣性重複的表達會讓大大改變內心世界。我們有可能因為一件事情感到幸福，也可能陷入絕望。

「這樣就可以了」、「那又如何」、「沒關係，有可能會那樣」是能幫助心靈獲得解脫的表達方式。反覆說那些讓自己感到開心的話，能讓情緒穩定，束縛心靈的脅迫感也會減少。因為我們能夠接受「即使事情沒有做好，也有各種方法可以解決」的事實。

「我總是那樣」、「這樣的話，會大事不妙」是會讓心靈掉入地獄的表達方式。持續性反覆說這些話，會讓自己被擔憂和壓迫狠狠壓制、動彈不得。因為這些話的意思是「沒有其他可能性了」，只有這個結果或只會發生不好的事情。

如果想變得更幸福，就需要「不做判斷的練習」，也不要確信自己會發生不好的事情，或是自己嚇自己大事不妙。安慰自己是沒關係的，告訴自己也可能發生好的事情。通過這種方式自我安慰，讓自己感到安心。越常做 Self Talk，「愛自己」的程度就會越來越深。

25 安慰疲累心靈的十分鐘療癒法

下班後，我搭捷運回家。今天是事情特別多的一天。我的肩膀緊繃、頭也很痛。不過，我還是可以忍耐下去。我今天突然想起小時候媽媽對我說過的話：「對我來說，你是最重要的存在。為了你，我甚至願意獻出心臟。」

那時候，我開玩笑地問：「為什麼我這麼重要？因為我長得好看嗎？還是我很會學習？」

媽媽這樣回答我：「沒有理由。你哪方面特別優秀，並不重要。不需要任何理由，我只是愛你而已。」

沒有不累不苦的人生。每個人都不斷被壓力、不安和焦慮折磨著。沒有人可以澈底擺脫這些情緒，獲得完全的自由。不過，雖然每個人都會受到精神上的痛苦，但是反應卻各不相同。就像上述例子中的主角想起美好的回憶後，精神上獲得慰藉。也有不少人不懂得照料自己精神上的創傷，一味地忍耐和硬撐。

接下來，介紹幫助我們從挫折感和不安感中獲得解脫的簡單方法，只需要十分鐘。雖然這些不是靈丹妙藥，也無法永遠根治，但是在應急處理時很有效果。自我安慰並深深地呼吸，然後真心誠意地問自己：「我很幸福嗎？」

培養愛自己的感覺

自尊心就是愛自己的感覺。愛自己的程度決定了自尊心的高低。如果在內心深處認為自己是不值得被尊重的人，那即使發生好事，喜悅感也會很快地離自己遠去，無法欣然地享受快樂。

回想一下，無條件肯定我們，認為我們非常重要的媽媽。再回想一下媽媽的安慰話語，樸實的表達中充滿了真心誠意。模仿媽媽的安慰，然後安慰自己，這是正向心理學的根本。世上存在著無數種自我安慰的方法，可以根據自己的個性和情況選擇適合的方法。

不過我想推薦一個可以在搭公車或捷運空檔時使用的方法。

在搭乘大眾交通的時候，我們會習慣性滑手機，看社群媒體或新聞。試試一天不要滑手機，而是閉上眼睛，對自己說出下面的話。

「今天辛苦了。我真的很厲害。」

「這樣就可以了。我擁有的東西已經數不勝數了。」

「忘記吧，這樣抓著不放也無法解決事情。」

「不要害怕，到現在為止，我都做得很棒。」

如果是站在鏡子前面，看著自己的眼睛說出這些話，效果會更好。只需要花十分鐘，找出最適合安慰自己的話語，對自己好好說就可以了。反覆做這種自我安慰，心情就會變得舒坦，可以提高安慰的技巧，自己也能「進化」成溫暖的人。

安慰不需要有邏輯的根據，可以沒有任何理由和前提，只要像父母愛子女那樣，擁有一顆疼愛和撫慰的心就足夠了。

還有一個方法可以幫助舒緩疲累的身體，那就是伸展。不需要做高難度的動作，只要力所能及地緩解幾個緊繃的身體部位。瑜珈專家們指出壓力通常是累積在下巴和肩膀，緊張或不安的時候，下巴就會用力。如果長期處於壓力和緊張的狀態下，脖子附近的肩膀肌肉就會慢慢僵硬，進而引發痛症。搭乘捷運時，如果是站著，頭往前低和往後仰的動作，可以放鬆下巴。即使只做一、兩分鐘，也會覺得舒服些，可以稍微消除疲勞感。

最後一個方法是想像平和的畫面。你可以想像任何場地，先在腦海中描繪出蔚藍的海洋、風和日麗的天空、夏日的江河、鳥語花香的森林、染上晚霞的山坡、滿天繁星的夜空等，然後想像自己漫步在其中。只需要短短的時間，就可以療癒心靈。

26 快速安慰自己的深呼吸法

明天要發表重要的演說或簡報時，前一天晚上有時會因為太過不安而睡不著。因為沒有自信可以如事前準備般完美發表，因為太過恐懼而導致憂心忡忡……

像這樣，當難以承受的不安感籠罩心靈時，要怎麼辦呢？為了中斷不安的想法，要走出戶外，最好是走到一個完全不同的空間。遇到不如意時，閱讀有趣的書籍或反覆對自己說提高自信心的話，也是不錯的方法。

許多人在難受的時候，會依賴不好的方式。例如，因為寂寞就靠酒精澆愁或是暴飲暴食。或許這些方法可以暫時讓自己忘記苦惱，但並不是長久可用的治療方式，對健康也沒有益處。

有一個不需要擔心熱量，但又可以短時間之內安慰自己的方法，那就是「深呼吸」。

深呼吸是如何安定心靈呢？其科學原理十分簡單。深呼吸可以欺騙大腦，深吸氣再深呼氣是在迷惑大腦，讓大腦以為現在處於舒適狀態。這時候，大腦就會讓心臟和神經感到舒適。因此，深呼吸可以消除不安、擔憂以及壓力。

特定疾病除外，呼吸的速度可以決定情緒的狀態。生氣的時候、出現恐懼等負面情緒時，呼吸就會變快，變得又短又淺。相反地，心情平和時，呼吸會又穩又慢、又深又長。由此可見，情緒可以改變呼吸的模式。

深呼吸就是反過來利用這個原理的方法，通過呼吸改變情緒的狀態。假設現在遇到了緊急事態，大腦變得興奮，這時候如果特意慢慢的、深深的呼吸，就可以讓大腦產生「現在是處於平和狀態」的錯覺。大腦就會讓心臟的跳動變慢，身體的緊張感也會減緩，因此內心能馬上變得平和。

深呼吸對人體有許多好處。英國呼吸和冥想專家蕾貝卡・丹尼斯（Rebecca Dennis）在《覺察生活》（*Conscious Lifestyle*）雜誌中介紹了深呼吸帶來的九個驚人效果：

1. 提供人體必需的氧氣，進而提高能量。
2. 緩解橫隔膜的緊張，放鬆肩膀附近的肌肉和斜方肌。

3. 活化副交感神經。

4. 強化對細菌或病毒的抵抗力。

5. 紓解因憤怒而收縮的肌肉緊張。

6. 讓心臟、血管等心血管系統變得更健康。

7. 精神舒緩之後，可以提高注意力和記憶力。

8. 消化器官變得更健康。

9. 促進分泌血清素和內啡肽，增加抗老化的賀爾蒙。

要怎樣呼吸才有效呢？在無數個方法中有一個任何人都做得到的最簡單方法，那就是「一分鐘五次呼吸法」。

簡單說就是一分鐘之內呼吸五次。每次呼吸花十二秒，吸氣的時候數到六，然後吐氣的時候也數到六。用這種方式呼吸兩到三次之後，就可以慢慢消除不安感，也可以稍微紓解頭痛等身體痛症。

在這裡也一併介紹更複雜的專業呼吸法。以下來自美國醫學健康資訊網站 WebMD 上的介紹：

1. 坐或躺在舒適且安靜的地方，閉上雙眼。
2. 一隻手放在肚子上，另一隻手放在胸口。
3. 跟平常那樣呼吸。
4. 慢慢降低呼吸速度。用鼻子吸氣的時候，感覺腹部漲起來。
5. 停止呼吸一至兩秒。
6. 通過嘴巴吐氣，感覺到腹部也在動。
7. 反覆以上的動作，直到達到穩定的節奏。
8. 呼吸時增加想像畫面，例如邊吸氣邊想像身體如同恬靜的花瓣慢慢展開。
9. 邊吐氣邊想像壓力和緊張慢慢從身體離開。
10. 持續這種呼吸方式，直到感覺壓力消失和平和，大概需要十分鐘。

一分鐘讓自己變得平靜的提問

以下的問題可以讓自己在一分鐘之內感到平靜。請問自己以下的問題，並誠實地回答。

❶「我現在幸福嗎？」

如果答案是「是」，那維持現況就可以了。如果答案是「否」，就繼續問第二個問題。

❷「是什麼阻擋了我的幸福？」

可能是因為十年前沒有買的股票如今大漲，讓自己後悔不已；也有可能是考試或面試落榜了，陷入極度傷心的狀態；或是遭受客戶或主管的欺壓，心情非常糟糕；還是自己喜歡的對象不接受自己，而感到痛苦不已。了解原因之後，繼續對自己提出下一個問題。

❸「我無法接受現況嗎？」

十年前沒有買的那隻股票，如今即使再後悔也是沒用的，因為沒有時間旅行可以回到過去，因此必須接受這個現實。考試或面試落榜之後，當然會感到失落，但這是已經發生的事情，除了下次好好努力也別無他法。遭受公司主管或客戶不合理的批評時，可以提出強烈的抗議，也可以通過社會團體尋求幫忙，但是如果因為現實因素的考量無法採取這些方法時，就不得不放下。面對那些陶醉於權威的人，實在沒有必要正面衝撞。我們要接受這種不合理的環境，也是組成這個世界的一部分。

這三個問題是美國作家，同時也是冥想專家艾茲拉・貝達（Ezra Bayda）提出來的方法。雖然這個方法很簡單，但是效果很顯著。這些問題可以讓自己先知道「是什麼使自己感到不幸」。我們困於模糊不清的不幸感之中，明明感到鬱悶和洩氣，可是不知道具體的原因，就不可能戰勝不知樣貌的敵人。艾茲拉・貝達提出的問題就是在提醒我們要清楚了解感到不幸的原因。

還有，當發生不幸的事情時，不要馬上陷入憂鬱。看待那件事情的角度、理解的方法等，都能決定自己會感到平和還是不悅。

例如，當某人欺壓自己的時候，如何解釋這個事件會決定了感受到的不幸程度。如果想成「這是很糟糕的行為，但是可以鍛鍊我的精神」，那感覺就會好一點。相反地，如果想成「那個人的欺壓行為帶給我無法抹滅的傷害」，就很難支撐下去，這時候需要相信「雖然我對那種欺壓行為感到不悅，但我還是會輕鬆面對」。

這三個問題可以幫助我們找出感到不幸的原因，並思考如何解釋的方案。通過持續深思，也可以慢慢培養對應不安的能力。

轉移注意力

備感壓力和滿腹心事時，正面應對是基本的原則，絕對不可以逃避這些令自己苦惱的事情。例如，快到考試的時候，會感到不安和憂心，我們必須正面處理這些情緒，方法就是加強學習。

不正面應對反而逃避的態度是非常危險的。有不少孩子會在考試前因為不安而沉迷於電玩遊戲，然而這種逃避習慣只會讓情況越變越糟糕。也有些成年人遇到困境時，會通過酒精或滑手機來逃避現實。迴避問題只會帶來更大的痛苦，相當於某種自虐。

但話說回來，事實上每次產生負面情緒時，也不可能逐一地正面處理，甚至有時候會因為太過注意那些不安和擔憂，負面情緒像雪球那樣越滾越大，而讓情況變得更糟糕。這時候把注意力轉移到其他地方是最好的方法。基本上如果是那些沒來由的擔憂，最好採取迴避的方式。例如，當出現「我好擔心明天的面試無法好好表現」、「今天好像會發生不好的事情」等沒有根據的擔憂時，就沒有正面處理的必要了。對於已經發生的事情也是如此。聽到前任結婚的消息，難過悔恨是毫無意義的情緒，最好不要太過關注這些情緒。

美國臨床心理學博士馬克・唐貝克（Mark Dombeck）曾經斷言：

轉移注意在轉換心情上具有驚人的效果。

轉移注意（distraction）指的是把注意力轉移到其他地方的意思。簡單地說，就是「把目光轉到其他地方」，例如當沒有根據和無法得知原因的擔憂和恐懼越來越大時，練習把注意力轉移到其他地方，會產生驚人的效果，可以快速地轉換心情。

馬克·唐貝克建議當你感到擔心和不安時，可以專注做以下兩種類型的事：

❶ 需要集中注意力的事

去做需要集中注意力才能夠做的事情，也就是那些沒有空閒產生其他想法的事情，例如寫作、打掃房間、演奏樂器、整理文件、慢跑等。

❷ 愉快的事

埋頭做自己喜歡的事情，例如看綜藝節目或電視劇、電影、網路購物、閱讀、聽音樂、跟朋友聊天等。

負面情緒如同黑洞，會快速緊抓著人的精神不放。如果屈服於這種力量，會變得更加危險。越擔憂，就會越不安，也會更加感到傷心。內疚、負罪感和後悔會因此獲得力量，如同強烈的颱風般摧毀心靈。這時候，最佳上策就是盡快地逃離這種負面情緒。

當腦海中出現沒有意義的後悔、內疚、不安時，要馬上把注意力轉移到其他事情上，最好做那些需要集中注意力的事情。寫作和跳舞都很不錯，打掃房間也可以在不知不覺中讓雜念消失不見，或者是和心靈相通的朋友聊天、欣賞電影等喜歡的事情，也可以有效地消除胡思亂想。

27 今天一整天不批評自己

我真的很想愛自己。我也非常清楚如果討厭自己，只會痛苦而已。但知道是知道，我還是有所懷疑。「我真的有被愛的價值嗎？我距離那個可以感到滿足和被愛的存在還很遙遠吧？」

愛上像我這種能力不足、性格也不好的人，就像將路邊被丟棄的玩具熊視為珍寶般地疼愛那樣，是不可能的事吧？我非常懼怕愛自己這件事。

哪種人有被愛的資格呢？只有收入高、長得好看、社交能力也好的人才有被愛的價值嗎？職業不盡人意、外貌平凡、社交能力差的人就沒有被愛的資格嗎？就算是後者，也有可能被某人深深愛著，過著幸福的生活，這是理所當然的事情。每個人都是可以被愛的存在，也是必須被愛的存在。

其實「被愛的資格」這句話本身就是錯的，就像「呼吸的資格」一樣，根本就沒有這種資格。面對愛，沒有考試，當然也沒有資格証。被愛並不像律師或國會議員那樣，是需要通過考試或選舉才能夠決定的事情。就像世界上所有人都有呼吸的權利一樣，所有人都可以去愛和被愛。

「去愛」並不是資格的問題，而是選擇的問題。要不要愛上某人是我自己的選擇，要不要愛上自己也是如此。要討論有沒有資格之前，要先做出選擇。跟自己過去如何絲毫沒有關係，也跟性格或能力等外在條件無關。

做出選擇吧！「你要不要愛自己？」做出選擇就可以了。只要你決定要愛自己，就會開始停止那些對自己的自我批評。

英國著名的心理學家羅伯特．荷登（Robert Holden）這樣說：

> 你越是常常嚴苛地評價自己，越無法看到真正的自己。

太過看重自己擁有的房子、汽車和能力等，對喜悅和傷心等情緒的感受能力就會變得遲鈍。例如，今天一直不安和在意著自己的穿著和化妝，內心的幸福感就會慢慢消失。問題在於人無法愛上看不到的東西，因此當你看不到真正的自己，愛上自己這件事自然遙不可及。對自己情緒無感的人，又怎麼可能理解和擁抱自己呢？

不要對自己做出好評或差評。找一天試試看停止對自己的任何評價，然後仔細看看自己是怎樣的人，心情又如何。只要一天，讓自己走下審判臺，然後好好觀察自己。

「今天的化妝有點不自然，衣服是不是也有點怪？」

↓「沒關係，這樣就夠美了。」

「在別人眼中，我看起來漂亮嗎？」

↓「沒關係，我自己開心就好。」

「今天在群組裡，我是不是說了廢話？」

↓「沒關係，誰都有可能說過廢話。」

「我可以做那件事情嗎？」

↓「這有什麼好擔心的，想做的話就去做。」

把自己內心的聲音盡可能改成讓自己心情愉悅的話。我們所疼愛的後輩垂頭喪氣時，並不會無情地評價或責備，我們對自己也要給予這樣的關懷。其實，「評價」或「責備」都是為了想順從他人的眼光，我們在腦海中想像人們的眼光以及普遍來講可能會說的話，然後套在自己身上進行貶低等自我批判。

只有停止這種批判，才能夠真正看到自己想要什麼，以及討厭什麼。當不在意他人的視線或評價時，自己的渴望才能顯現出來——那才是「真正我」的模樣。至於要不要包容這個模樣，是自己的選擇。

找一天讓自己像不懂事的小孩子，或是隨便胡鬧的青少年那樣放飛自我。盡可能享受自由之後，好好觀察自己內心有什麼反應，會對哪些事情感到開心等，讓自己成為滿足自己的守護者。我們或許都覺得自己像被某人深深愛過之後丟棄在路邊的玩具熊般的存在，但自我憐憫要比自虐正確好幾百倍。

今天一天都不——

這個練習可以送給自己美好的一天。選定某一天之後，下定決心那一整天都不可以出現折磨自己的行為或想法。能夠成功做到的話，就可以讓自己內心更加平靜，讓心情輕鬆愉悅。請試試看以下的決心喊話：

❶「今天一天都不後悔。」

之前也提過，大腦會製造出後悔的情緒，是為了警告自己不要再次犯下相同錯誤。警惕的心可以有效幫助我們不再犯下相同過失，但是常常感到後悔的習慣會讓心生病，人生也會因此過得悲慘。過去是無法被改變的，最好的方法是「把後悔時間縮短一點」、「只後悔一次就好」。

❷「今天一天都不急躁。」

急躁時的言行舉止會消耗過多的能量，也會提高犯錯的可能性。因此，這一天下定決心慢慢的、悠閒的做任何事情，慢慢的行動、慢慢的吃飯和慢慢的思考。只要把速度放慢，反而會冒出之前根本沒想到的點子，呼吸也會變慢，當然壓力也會慢慢地遠離。

❸「今天一天都不在意他人眼光。」

人生過得疲累不堪的原因中，他人眼光就佔了八成。可是這不是客觀的現實，而是自己的想像。對方有沒有嘲笑我、是不是認為我是壞人等問題，即使直接問也無法得知真相，與其這樣，不如對自己的想像和隨便得出的結論深信不疑，對自己來說更方便。但是這道相信的枷鎖不是困住對方，而是限制了自己。練習不在意他人眼光是可以讓一天過得更輕鬆自在的好習慣。

❹「今天一天都不發脾氣。」

大體上，生氣是來自於擔憂和恐懼。內心平和的人，自然會比較少生氣。不對別人發脾氣當然很重要，但對自己生氣的習慣更為危險。寬容大度的包容自己的不足，可以平息怒氣，讓我們看到全然不同的世界。

28 為你的情緒取名字

我現在穿著藍色條紋的衣服，褲子是牛仔褲，內衣是白色。但是我卻完全不知道自己的情緒是哪種顏色。我的情緒是不安、期待、傷心、愉悅、厭惡還是幸福呢？我無法知道現在是哪種情緒正在環繞著我，而且奇怪的是我從以前到現在都很難辨別。面對自己的情緒時，我根本就是一個白痴。

人們大部分都會對自己的情緒無感，不太知道現在自己心情如何。因為比起心情，我們需要花費心力的其他事情實在太多了。

回想一下自己昨天穿了什麼衣服，也回想一下自己昨天的情緒從何而來，又流向何方。你可以準確地回答嗎？你昨天穿的衣服比你一整天的感受更重要嗎？

當我們喜歡上某人時，就會對那人傾注所有的關心。通過對方的說話方式、行為、表情等來猜測對方的心情狀態。所謂的愛上某人，就相當於全心全意地關心對方的情緒。我們也必須對自己付出這樣的關心，也可以幫情緒取名字，「不安的我」、「寂寞的我」、「被痛苦折磨的我」，客觀看待自己的情緒，是使自己保持平靜的方法。

假設現在你的內心極為搖擺不定，也很黑暗。如果不知道這是什麼情緒，就不可能進行治療和安慰。唯有先自我意識到「我現在很不安」之後，才有可能分析原因，也才有可能進行自我安慰，告訴自己根本不需要如此不安。

當心情浮躁和不安時，就像站在鏡子前觀看自己的穿著般，一定要慢慢觀察自己的情緒。從「我現在有點興奮」開始，思考是什麼讓自己心情如此浮躁，然後緩緩地讓自己平靜下來。

並不一定需要分析和安慰的環節。光是「我現在正感到害怕」、「我因為這件事生氣」，像這樣每次及時幫這些情緒下定義，就能產生很大的效果了，因為我們會對「不知道的事物」感到害怕。但只要能正確掌握自己感受到的情緒，就能夠產生正面處理的力量。

你可以幫情緒取各種名字。加州大學柏克萊分校心理學教授達契爾・克特納（Dacher

Keltner）在二〇一七年的研究指出人類有二十七種情緒，包含：欽佩、崇拜、審美、愉悅、焦慮、敬畏、尷尬、無聊、冷靜、困惑、渴望、厭惡、感同身受、狂喜、嫉妒、興奮、害怕、恐懼、好奇、開心、懷舊、浪漫、悲傷、滿足、性慾、同情、得意洋洋，這些資料對「為情緒取名的訓練」很有幫助。

除此之外，還有其他有用的情緒分類。參考美國心理學家羅伯特・普拉奇克（Robert Plutchik）的說明，我們還可以把情緒分成以下八大類：

①讚美、開心、平和、樂觀

②嚮往、信賴、接納、愛戀

③恐懼、害怕、憂慮、屈服

④驚嚇、驚慌、慌張、敬畏

⑤哀嘆、傷心、擔心、反感

⑥憎惡、噁心、無聊、後悔

⑦暴怒、生氣、煩躁、藐視

⑧警惕、期待、關心、挑釁

文化圈不同，情緒的種類也會不同，還有每個人之間也存在著一些概念認知差異。提到「傷心」時，每個人的感受度或強度都不同，因此前面提到的分類並不是硬性的規定，只是提供給大家在幫自己的情緒取名時可以參考使用。

小說中也常常出現人類情緒的各種表達。朴婉緒作家在短篇小說〈為了思念〉使用了這些表達：

看不順眼、害怕、悲痛萬分、感覺艱難、厭煩、可惡、懷疑、火冒三丈、有敵意、藐視、咬牙切齒、煩膩、心煩氣躁……。

李文烈作家在著作《我們扭曲的英雄》中使用了這些表達：

莫名的不安、可憐、垂頭喪氣、迷茫、茫然、掛念、難受、疲累、難以忍受的澈底疏離、心驚膽顫、極度痛苦的孤單感……。

你現在的情緒是屬於哪一種呢？如果要幫這些情緒取名，它們會是什麼呢？

我正在感受對未來的期待感。

我正在感受某件事情帶來的愉悅感。

我正在愛著某人。

我正對某人感到恐懼。

我正在後悔過去。

我正陷入深深的感傷。

我正在藐視某人。

我正因某人而反胃。

我們還可以進一步分析原因：

我現在很不安。因為下週有考試，我因為不安而感到非常痛苦。

幫情緒取名之後，可以往後退一步客觀地觀察自己的心情，也可以找出相關的原因或解決方案。我們可以自我檢視現在感受到的「傷心」情緒，是因為太過悲觀，或是因為太過於期待，還是過度誇張了不安感。

分析的階段可以幫助我們整理情緒。太過混亂的情緒會模糊我們的視野，以至於難以找到解決方法的線索。這時候需要的就是自我分析情緒，然後區分「主要情緒」和「分枝情緒」。找出主要情緒，就可以更清楚的看見真實現況。

人類的生活主要由「情緒」和「行為」兩大部分組成。不只情緒可以被取名，也可以幫行為取名。像是「我正在做……」這樣的表達：

「我正在開心地工作。」
「我正在處理令人煩躁的事情。」
「我正在享受悠閒的時光。」

出乎意料地，人們常常無法清楚感知自己現在正在做的行為，因為注意力都放在其他地方了，如虛無漂渺的期待、沒有意義的擔憂等經常緊緊吸引了我們的注意力。

如果為當下的行為取名，就可以清楚讓自己知道自己現在正在做什麼，同時也可以讓自己關注當下，也就是，沉浸「當下」。這種沉浸感可以讓我們擺脫對過去和未來的擔憂，也讓自己不再害怕他人的眼光或評價。

結論是，我們需要更加關心自己的情緒和行為。每次對自己提出簡單的問題，也是很好的方法。

「我現在的心情如何？」

「我正在做什麼？」

一天內問三次就夠了。就算忙得不可開交時，問一次也好。幫自己的情緒和行為取名之後，再進一步分析原因，就可以更加理解自己。

之前也強調過好幾次，「理解自己的情緒」是愛自己的必要條件。如果不清楚自己的情緒，也不可能愛上自己。通過自己的行為盡情享受喜悅，是愛上自己最睿智和最現實的方法。

29 從現在開始感覺幸福

你最近一次「什麼都不做」是何時呢？我指的是即使十分鐘也好，真的什麼事情都不做的時候。你有過不閱讀、不上網、不檢查郵件或簡訊的時間嗎？放下對過去的後悔、放下對未來的擔憂，什麼都不想的瞬間。你有體驗過這種瞬間嗎？

許多心理學家和哲學家都強調「馬上變得幸福的方法」就是「關注當下這一瞬間」。走路時，把注意力放在雙腳輪流踩在地上的感覺，也可以專注於耳內聽到的浪漫音樂，或鼻腔聞到的濃濃咖啡香，或是專注在呼吸上、感受風吹拂的觸感等。

英國企業家、冥想正念專家安迪．帕帝康（Andy Puddicombe）在ＴＥＤ演講時提出上述的提問，他把現代人比喻成「完全不休息的洗衣機」，我們活在一個忙碌的世界，不停移動身體的同時，還被無數的想法糾纏，可以說肉體和精神無時無刻被殘酷驅使著，馬達可能隨時發生故障。

感受幸福最簡單的方法

安迪．帕帝康的結論是「清空心靈，然後關注當下」，亦即把精神專注在「現在」，不是過去或未來，也不是其他地方，而是你現在所在的「這裡」。這個方法雖然簡單，但也是最能確實感受到幸福的祕訣。

每個人都曾經有過關注「當下」的歲月，那就是我們剛出生的時候。嬰兒不會思考過去和未來，他們只活在當下。他們會專心注意媽媽的手、爸爸的微笑，但是長大成人之後，這一切就改變了。我們因為過去的事情時時刻刻痛苦著，也因為懼怕未來而時刻緊繃著。不會有人要求小孩承擔責任，但是成人的肩膀上背負著許多沉重的責任和義務。大人要照顧家庭，也要無止境地工作。為了盡可能預防未來的不測，必須時時檢視過去，提高警惕心，同時還要不停預測未來。

人類不只是活在現在，還同時活在過去和未來，因此大腦常常有意識地製造出過去和未來，當然就難以關注當下。即使有一瞬間專注當下，但以一整天的時間來說，還是太過短暫了。

那要怎樣做，我們才能活在當下呢？怎樣才能更快集中注意力呢？既然無法完全徹底擺脫對過去和未來的擔憂，有什麼方法可以改善嗎？以下介紹的方法雖然簡單，但的確可以確實提供幫助。對於無法立刻前往喜馬拉雅山修行的普通人來說，都是相當有效且實用的方法。

練習關注當下

❶ 閉上眼睛呼吸

「慢慢的呼吸」是關注當下最基礎的方法。不需要非常厲害的專業呼吸法，只要重複幾次前面介紹過的「緩慢呼吸法」就可以。關注空氣通過鼻子、呼吸道後到達肺的過程。當身體放鬆時，感知也會變得敏銳。閉上眼睛的話，效果會更好。

❷ 凝視手指尖端

這是凝視身體某部位的方法。你可以觀看手指末端上的指紋，當然也可以觀看指甲、手背或血管等任何部位。這時你會發現平時根本沒有注意到的紋路。只要觀察一分鐘，就會感受到身體的陌生和神祕之處。還有一個方法是用手指頭按壓額頭或手臂，或雙手慢慢地互相摩擦，或是用食指慢慢地在手掌上移動，然後集中感受手掌和手指之間的碰觸所產生的感覺。身體的感覺變得敏銳時，代表自己正在關注當下。

❸ 靜靜的關注內心

當內心出現不安、喜悅、緊張、無聊等情緒時，幫它們取名。通過想像取完名之後，再決定要繼續感受情緒，還是把注意力轉移到其他地方。如果是喜悅，就讓自己盡情享受；反之，如果是會產生負面能量的情緒，就想像自己正在把這些情緒排出體外。

❹ 慢慢的吃飯和品嚐

集中訓練五感也是很好的方法。在吃東西的時候使用這個方法，效果會特別顯著。慢慢的品嚐米飯和各種配菜，注意各種食物的味道、牙齒咀嚼時感受到的口感、舌頭碰觸到食物的觸感，還有食物穿過食道的快感。邊關注五感邊吃飯，會讓用餐變得更加有趣和有意義，也更能夠品嚐到食物美味的層次感和豐富感。

日常生活中有許多機會可以訓練五感，走路的時候可以集中感受腳底和腳趾傳來的感覺，洗澡時也可以集中感受冷水碰觸到臉部肌膚的觸感和肥皂的香氣。感受五感傳來的刺激訓練是讓我們能更深層、更細膩地體會這個世界的好方法。

❺ 練習提高注意力

每天固定三分鐘做提高注意力的訓練，這段時間內要遠離電視、網路、智慧型手機等，不可以對外部刺激有反應。三分鐘裡你可以閱讀喜歡的書籍，也可以坐好閉上眼睛冥想，當然也可以對自己提出問題，例如「我現在感受到什麼？」「我現在的情緒如何？」等。這是一段彷彿孤立於這世界之外，只有自己沒有別人的寧靜當下。實際嘗試之後，你會發現要持續三分鐘並不簡單，但只要反覆練習，時間就可以慢慢拉長。

❻ 一次只做一件事情

多工處理（multitasking）可以提高工作效率，但是對維持專注卻毫無用處。吃飯的時候就專心吃飯，走路時也專心走路。我們習慣邊吃邊閱讀邊走路，大概是為了節省時間，但是卻讓你遠離完全享受「現在這一瞬間」的人生。

❼ 慢慢的移動

試試看慢慢的走路。等電梯時不要急著按下關門鍵，泡咖啡時也要非常慢。試著讓時間過去的速度變慢一點點，放下「必須馬上完成」的急躁心態，集中關注當下的行為和意義，讓所有的事情步調變慢。這樣做的話，內心某個角度就會變得從容。

❽ 每天「什麼也不做」的五分鐘

安安靜靜地坐著，停止想東想西。彷彿這個世界暫停了，單純地感受這份寧靜。

❾ 停止對未來的擔憂

未來當然很重要，但不會比「今天這一瞬間」更重要。絕對不可以放任對未來的擔憂佔據了現在。放下反覆擔憂沒有根據的事的習慣，並集中感受「現在這一瞬間」的視線和感知。

⑩ 關注眼前的人

跟某人對話時，不要表面上假裝認真傾聽，其實腦中想著：「下班後要吃什麼？」「午餐要吃什麼？」我們要完全專注，認真聽對方說話。

許多心理學家都強調要活在當下，活在現代社會的人們，只有安靜地關注靈魂才能找到幸福。因為人類無法回到過去，也無法現在馬上確知未來的事情。雖然人類無法不苦惱過去和未來，但是排列優先順位時，最重要的一定是「現在這一瞬間」。

既然如此，對我們來說最重要的不就是讓「未來的我」記住「過去幸福的我」嗎？**今天過得幸福的你，可以賦予未來的你「繼續幸福的活下去」的信念和勇氣**。關注當下，並讓今天的我過得幸福，是懂得接納原本的人生，愛上自己唯一且最安全的方法。

HEART
心|視野　心視野系列 099

對別人說不出口的，也不要對自己說

29 個自我對話練習，遠離自我批判，找回還不錯的自己

남에게 못할 말은 나에게도 하지 않습니다

作　　者　鄭宰榮
譯　　者　劉小妮
封面設計　FE 設計　葉馥儀
內文排版　顏麟驊
責任編輯　洪尚鈴
行銷企劃　黃安汝
出版一部總編輯　紀欣怡

出　版　者　采實文化事業股份有限公司
業務發行　張世明・林踏欣・林坤蓉・王貞玉
國際版權　林冠妤・鄒欣穎
印務採購　曾玉霞
會計行政　王雅蕙・李韶婉・簡佩鈺
法律顧問　第一國際法律事務所　余淑杏律師
電子信箱　acme@acmebook.com.tw
采實官網　www.acmebook.com.tw
采實臉書　www.facebook.com/acmebook01

I S B N　978-986-507-838-6
定　　價　350 元
初版一刷　2022 年 6 月
劃撥帳號　50148859
劃撥戶名　采實文化事業股份有限公司
104 臺北市中山區南京東路二段 95 號 9 樓
電話：（02）2511-9798　傳真：（02）2571-3298

國家圖書館出版品預行編目資料

對別人說不出口的，也不要對自己說：29 個自我對話練習，遠離自我批判，找回還不錯的自己／鄭宰榮著；劉小妮譯. -- 初版. -- 臺北市：采實文化事業股份有限公司，2022.06
288 面；14.8×21公分. --（心視野系列；99）
譯自：남에게 못할 말은 나에게도 하지 않습니다
ISBN 978-986-507-838-6（平裝）
1. CST：自我實現　2. CST：隱語言
177.2　　111005805

남에게 못할 말은 나에게도 하지 않습니다

HEART
心|視野

HEART
心|視野